让财富找到你

有温度的经济学

民主与建设出版社
·北京·

© 民主与建设出版社，2022

图书在版编目（CIP）数据

让财富找到你：有温度的经济学 / 温义飞著. -- 北京：民主与建设出版社，2022.11
ISBN 978-7-5139-3980-5

Ⅰ.①让… Ⅱ.①温… Ⅲ.①经济学－通俗读物 Ⅳ.①F0-49

中国版本图书馆CIP数据核字（2022）第182522号

让财富找到你：有温度的经济学
RANG CAIFU ZHAODAO NI YOU WENDU DE JINGJIXUE

著　　者	温义飞
责任编辑	程　旭
封面设计	青空工作室
出版发行	民主与建设出版社有限责任公司
电　　话	（010）59417747　59419778
社　　址	北京市海淀区西三环中路10号望海楼E座7层
邮　　编	100142
印　　刷	三河市冀华印务有限公司
版　　次	2022年11月第1版
印　　次	2022年11月第1次印刷
开　　本	880mm×1230mm　1/32
印　　张	8.25
字　　数	195千字
书　　号	ISBN 978-7-5139-3980-5
定　　价	68.00元

注：如有印、装质量问题，请与出版社联系。

序

知识的传播存在一个巨大的断层。

我曾与一位著名的经济学家聊天,那是一场酒宴活动,气氛热烈,喝酒的进度推进得很快。对方既然是位学术巨擘,我自然有浓厚的兴趣向其讨教。所有与财经有关的话题,这位前辈都具备深刻的洞察,妙语连珠,让我大为叹服。直到有人聊起养生,这位老师聊得兴起,也发表了一通观点,这些观点不但完全有违科学,甚至模糊了现实和神话的边界。我端详了他的表情,似乎没有在开玩笑。

即便是一个领域最权威的专家,在另一个陌生的领域,也许连常识都不能具备,更何况普通人了。人的精力往往有限,而人的兴趣可以无限发散。那个晚上,我重新思考了科普的路径。

系统性的学习固然很好,从小到大,老师们都在告诉我们,学习要打牢基础,由浅而深,循序渐进,最终修成正果。但是如果并不是在学习用来吃饭的手艺,或者打算成为行家里手,那么作为普通人,难道就不能为了好奇,而跳级去了解一些有趣的常识吗?

当然可以。知识传播的断层，就在于正确的理论研究与普通人简单的好奇，在于严谨的尺度与求知的速度，在于不是每一个话题，都需要所有人正襟危坐地聆听。也许用常识和一些简单的数据，就足够颠覆人的认知。

　　本书作为视频内容的集纳，篇章之间独立成文，并没有太刻意的关联，大部分的内容都是因为我本人的好奇而引发的研究。我始终认为，作者自己的好奇心，是作品永恒的动力。写稿的时间横跨了两年多，以每个月一两篇的进度进行。每一篇内容，都需要从大量研报中找到一些令我感兴趣的角度，再从论文、数据和访谈中提炼。这样宽大的选题方式，写厚容易，写薄则难。

　　本书的话题或许发散，但是其中探索答案的思路和发心，始终如一。数年之间，我的这一段并不苦闷的探索之旅，也有幸得出了一些能够令我感到自洽的结果，不免为方家所笑。但是如果偶然能够给你一些启发，可就令我太高兴了。

　　希望你能喜欢。

温义飞

目
录

1 宏观篇

面对危机,保持警惕 -002
"碳中和大计"的三层意义 -007
脱虚向实——行业变革预测 -012
高考填报志愿的扎心真相 -017
浅谈消费公平 -022

2 区域经济篇

海南的两次房地产大潮之后 -030
成都 VS 重庆:未来在哪儿 -036

黑马合肥："双胖"的财富密码 - 041

太原目标，真的靠谱 - 048

县城的未来 - 054

3 民生篇

你不知道的欠债真相 - 060

恋爱经济学 - 066

加班经济学 - 070

涨工资是有窍门的 - 075

当代"社畜"想辞职？你辞得起吗 - 080

4 地产篇

房价可以预测吗 - 086

天津 VS 深圳，房价上涨和下跌背后的逻辑 - 092

房住不炒，真正立意 - 099

90 后买房真相 - 104

房产税何时会来 - 109

高层住宅，没有未来 - 115

中国的房子够住吗 - 121

5 理财篇

普通人的闲钱，怎么理财简单放心 - 128
有钱人是怎么理财的 - 134
存款 20 万元，如何理财 - 139
银行理财绝对安全吗 - 144
钱在贬值，基金还能买吗 - 150
基金经理最害怕什么 - 155
小白买基金如何不亏钱 - 160
一语道破，保险秘密 - 165
保险防割技巧 - 171
人类天性和炒股盈亏 - 176
为什么我在股市从不亏钱 - 181

6 产经篇

未来十年，医疗巨变 - 188
为什么特斯拉是一家厉害的公司 - 194
吉利的赌局与战略思维 - 199
汽车行业洗牌，谁走谁留 - 205
4S 店的命运 - 209
社区团购看背后 - 215
中国钢铁，未来在哪儿 - 220
小贩翻身，中国纺织到底有多强 - 226

跨境电商，为何艰难　- 230

一个盒子，改变中国　- 235

中国猪肉到底有多强　- 240

7 海外篇

非洲发展的可能之路　- 246

1

宏观篇

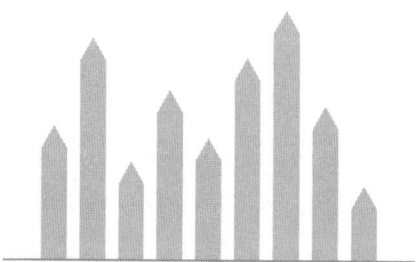

面对危机，保持警惕

全球经济会变好还是变坏？普通人该怎么保护自己呢？"万国斩疫鬼，通胀入危局。"当疫情的阴霾逐渐散去，经济的秩序重新恢复，现在也是时候抬头看一看，我们接下来要走的，将是什么样的道路。

先说几个数据，2020年全球十大经济体印出的钞票，已经超过了2008年以前人类五千年文明印钞的总和。这是什么概念呢？就是市面上有很多钱，多到一边美国企业停产停业，一边美股多次突破历史最高。

很多财经大V看到这种情况就开始吐槽，说美国联邦储备局在胡闹，一副"我比FED懂经济"的样子。

但是这次美联储做得真没毛病。在影响全球的大灾难面前，各国银行通力合作，不计代价，开启印钞机，稳定人心，在悬崖边制止了经济链条的崩裂。这是各国央行的本分。

2020年的这个时候，人类并没有准备好同时应对疫情和经济危机两场战争，所以各国都在集中力量战胜病毒。这个策略是正确的，哪怕回头再来一次，还是应该这样做。

但是，这并不代表没有后果。中国应对的尺度很妥帖，既控制了疫情，也没有大水漫灌，房价和股价都还处在合理的区间。但是国外的情况就有点微妙，现在北美房价涨得很快，我朋友圈那些北美房屋中介生意都很火爆。美股全是泡沫也就算了，就连原材料的价格都开始暴涨，这可不是什么好现象。

最近一段时间一些原材料的价格，比如纸涨了50%，铁翻了1倍，铜涨了60%，塑料涨了50%，石油更离谱，2020年油价暴跌，大家应该还有印象，当时原油跌到20多美元，到2021年已经涨到快70美元，翻了快两番。

原材料价格比疫情前还高，难道是需求旺盛吗？但显然现在各国生产还没有完全恢复，需求不可能有这么多。那么是供应不足吗？也不是，比如中国原油储量已经很高。

在这样的情况下，原材料还在涨价，就是因为钱多得实在没地方去了。钱如流水，它能滋润干枯的河床，也会威胁古老的堤坝。大部分财经大V喜欢聊资本、聊股价，其实支撑经济的永远是生产和消费。我是学经济学出身的，当年读书的时候学的是曼昆，哪怕新凯恩斯主义和古典主义争执不断，起码都还在讨论生产消费创造价值，那时候还不懂什么叫量化宽松。而自2008年以来，科技没有巨大突破，生产力也没有特别的进步，经济一出问题，解决方法就是印钱。大家讨论的都是资本的逻辑和货币的走向，我能够理解，但作为古典理论的信徒，新时代似乎没有了能载我的船。

无限拖延的问题，最终总是要人来买单，全球大量印钱，最后的结局是什么？当那一天到来时，普通人要怎么保护自己呢？

美国巨量印钞，人为地延缓了经济危机，这个手段有效，但有没有上限呢？假设没有上限，那么只要无限印钱，经济就会一直发展，世界和平。除了印钞厂，其他人都不用上班。这显然不符合常识，因为钞票发行是有上限的。

2021年11月，美股在历史高位，英国房价处于五年高点，如果光看数据，你会以为人类不是在对抗疫情，而是实现了什么科技革命。作为一个经济学者，这基本就等于我在路上看到有个人在天上飞，我所有的知识都告诉我这不可能，但是它就是发生了。

不要问我什么时候他会掉下来，他一开始就不该飞上去。

这样发展下去的后果是什么呢？物价上涨已经被大家说烂了，但这一点我反倒不太担心。因为我们日常消费的商品，池子太小，承载不了这样巨量的资金。资本也知道这一点，没有大资本去大量屯卫生纸或者奶粉，大部分钱都流向了股票、房地产和别的保值资产，只有一小部分流到了大宗商品，这会让物价涨一点，但不会特别严重。

真正让我担心的是资本世界和现实维度的进一步割裂。在这几轮印钞之前，大家投资看的是公司的技术、管理水平或者利润。而现在，投资看的都是其他大资本的脸色。金融本该服务实体，现在却慢慢变成了钱生钱、原地起飞的游戏。

最后印钱的极限到来，倒霉的会是谁呢？有人说，富人钱多，那么钱贬值了应该是富人受损失。其实恰好相反，钱在少的时候是用来花的，比如普通人那点钱是用来买菜、买房、养老人和孩子的，但是钱的数量达到一定程度时，它就不是用来花的了，而是用来生产材料。对资本来说，通胀就是生产材料的成本变低，要付的利息大幅减少，所以2020年美国富豪们身家暴涨，这就是过度印钱的代价。

现在美国媒体都在说，疫情结束后全球经济会大反弹。我很疑惑，大家这么快就忘了疫情前的经济形势了吗？怎么灾难过后，世界反而更繁荣了呢？有一场经济领域的恶仗，我们拖了很多年，到现在还没打。而美联储的弹药，已经在去年救市的时候打光。现在利率是0，没有降息空间，钱还在不断印。所有人都在假装问题不存在，仿佛只要疫情持续，疫苗也能治好货币超发。

疫情的结束，只是解决经济问题的开始。在这个问题上，中国做了几个非常英明的选择。

虽然在2021年，外国观察家对我国经济很乐观，IMF、世界银行、摩根大通等大机构都预测中国GDP会有8%以上的增长，但是我们给自己定的目标是6%。

我只能说，管理层里有高人。

本来，2020年的特殊情况给2021年留下了很大的增长空间。但是，我们却定下这么保守的目标，大概率是意识到会有一些复杂的外部变化。现在各国央行手里都已经没有足够的筹码和空间来处理任何意外。

有了这个心理准备，在投资的时候我们也要调整好心态。现在普通人投资，有三句口诀。

第一，千万不要把理财当作收入来源。

不光是近两年不要，最好永远都不要。有个很简单的道理，金融投资的回报是按照比例，比如股市上涨10%，投1亿元就赚1000万元，投1万元就赚1000元，账面收益天差地别，但是获得这10%的收益，你要研究和分析的东西是一样的。

普通人投资20万元，和那些投资200亿元的人，看的是同一个股市、同一批公司，人家花5000万元组建团队去做分析，而很多人最多花5000元去买个骗人的理财课程。

这是不对称的竞争。当你总资产小的时候，你就要去追求额度上的提高，而不是比例上的提高。当你个人资产在100万元以内，就不值得研究投资，不如想办法涨涨工资。

普通人不要把股市当作收入来源，实在忍不住就当作花钱买点刺激。人到中年，事业不顺，生活能一眼看到头，总觉得自己的才能没有完全发挥，又没有其他赚钱的路子，于是就跑到股市里证明自己。其实改变人生的机会有很多，以前那么多机会你都没有抓住，现在为什么会觉得自己是个投资天才呢？

第二，如果你一定要追求投资收益，也千万别指望暴富。

如果你错过了特斯拉，错过了每一个暴富的机会，那么我恭喜你，你的策略没有问题。有胆量碰这些东西的人，九死一生。有没有人暴富呢？确实有，赌场也有人暴富，但是赌博就是玩火，投资不是赌博，永远别后悔错过。

第三，如果上面两条你都不想听，就是想靠投资暴富，那么建议买点基本的消费型保险。

在经济下行的周期里，核心地段的房产、贵金属和保险是你最好的朋友。如果手里还有长期用不到的钱，我仍然觉得基金值得托付。

最后告诉大家，历史上最大的几次萧条，也都不过持续了三五年，亏得再厉害都是暂时的。

（2021.3）

"碳中和大计"的三层意义

未来几十年，国家很多政策都会改变，但是有一件事是确定的，就是在 2060 年之前必须实现碳中和。

到底什么是"碳中和"呢？现在到处都在提这件事，但是真正能够理解它的人并不多。碳中和的本质，是中国给世界的一个承诺。中国承诺在 2060 年，也就是四十年之内，我们要达到一个目标，即中国向空气中排出的二氧化碳等温室气体，跟中国自己消化掉的温室气体排量，要完全抵消。也就是我们不再给地球添任何麻烦，地球不会因为我们的存在而变得更糟糕。

中国现在每年碳排放的量，占全世界的 28%，总量大约等于欧盟、美国和日本的碳排放量总和。看着挺多，所以西方很多国家会说中国碳排放太多，不环保，要求我们少排放，甚至少吃肉，但这个事情就非常不讲道理了。首先，因为我们人均排放量并不高，每年人均排放量才 7 吨多，美国人均是 16 吨。其次，发达国家当年发展的时候排了大量的碳，现在这些国家发展完了，都去发展服务业了，不再干脏活累活了，也没啥制造业了，那当然不用排碳了；但中国还是发展中国家，我们历史排放量只占全球的13%。发达国家这时候说三道四，那就是过河拆桥。

虽然我们明知道有权利发展，不用跟西方计较这些，但是，中国还是在2020年的联合国大会上做出了碳排放的承诺，说到了2060年就实现碳中和。这个时间和地点非常微妙，明明是我们国家自己的事，但是我们到联合国大会上去承诺，然后这几年部分国家都只顾自己家里那点破事，当逆全球化的浪潮开始席卷全球时，中国决定站出来，为全人类的利益做点事，这就是中国的大国担当，以天下为己任，也是"中国"一直倡导的共建人类命运共同体的体现。当短视的国家只考虑自己家门口的破事时，我们思考的是人类族群和子孙后代的未来。

可是这件事具体实行起来却很难。因为我们每个人的衣食住行都在碳排放，不是只有汽车排气管喷黑烟才叫作碳排放。一头牛每年的二氧化碳排放量比一台汽车都多；制造衣服、手机的工厂需要用电，发电就在排放碳。我们要实现碳中和，但我们还得发展，还要吃肉，所以要一边吃肉一边把碳中和的问题解决。

想要完成这件事，需要调动整个国家的力量，投入巨大的心血和资源，所以碳中和绝不仅仅是一个环保问题，它里面藏着一个更核心的关于新能源行业前景的大规划。那么，它具体会利好哪些行业，跟普通人有什么关系呢？

新能源车不是一个简单的环保问题，而是国家安全问题。

提起新能源车，大家第一反应是环保。其实汽车的碳排放，在中国的碳排放总量里只占区区7%，算上造车过程中的用电用水，排放量也不过占8%，就算把整个汽车行业都停止，大家每天骑自行车上班，对于碳中和的贡献也非常有限。

中国碳排放的大头是发电，占到了51%；然后是制造业开工厂的排放，占28%；整个交通行业的碳排放加起来都不到10%，还是把飞机轮船都算上。那为什么我们现在一提起新能源，第一反应想起来的就是新能源汽车，而不是别的呢？

因为其他的事都能等，能慢慢来，汽车不行。

解决碳排放，实现碳中和，关键有三件事。

第一件，把排出的碳好好消化掉，这个事还早得很，当下只能多种树，二十年后技术发展了，再把二氧化碳往地层里填，这叫碳封存，这个现在还实现不了。

现在能做的是第二件事和第三件事，就是能源的生产和能源的使用。

中国是一个煤炭大国，我们地下埋的都是上好的煤炭，所以我们国家的发电主要靠烧煤，能源的来源以烧煤为主。既然是烧煤，那么碳排放当然很大，必须改。但是这事急吗？其实不急，说好了是2060年实现碳中和，还有四十年时间可以用来提高技术，将来利用太阳能和风能，把烧煤所发的电能给代替掉。这个事是个慢活，很多炒作光伏概念的企业已经倒闭，就是因为这些企业没找准这件事的节奏。虽然光伏发电也很重要，但不是火烧眉毛那种，并不是十年八年就必须干成。中国的太阳能也好，水电、风能也好，都在西部，而用电需求大的城市大部分在东部，因此需要把西边的电输送到东部，然后还要能很好地储存起来，从发电、传输再到存储、使用，每一个环节都需要长期努力。这件事很重要，但是不着急。

紧急的事是第三件事，是能源的使用。其中消耗能源最主要的是汽车，因为汽车烧的是油，煤炭再多，也没法把煤炭变成汽油。中国煤炭多、石油少，石油只能从国外买。我国每年进口2 000多亿美元的石油，而且石油和美元挂钩，只能用美元买，消耗掉我国大量的外汇储备。现在是花钱还能解决问题，但眼下国际形势复杂，或许哪天出于什么原因，有钱也买不到石油了，就会非常被动，这就是能源上被卡了脖子。现在燃油车销量占了90%，万一石油紧张，会直接影响到所有人的生活，衣食所系，仰仗外人，这肯定是不能接受的局面。

所以，新能源汽车就是一个必然的方向。但你说它现在是节约排放吗？只要我们还在用火力发电，新能源车的环保作用就有限。但是只有发展电车，我们才能保证自己的供应，用石油我们保证不了。而且，新能源车是一个足够巨大的市场，能够吸引足够多的资本去投入研发，去发明更高效的电池、更高效的电机，这些技术会辐射到其他很多行业。近两年推广的汽车碳积分制度就是在推动新能源车生产，汽车企业每生产一台汽油车就扣分，生产一台电动车就加分。你说你不会生产电动车？没关系，你可以从电动车厂去买积分。就以专门生产电动车的特斯拉来说，2020年，特斯拉卖车亏损9亿美元，但是它把自己的碳积分卖掉，换了16亿美元，一进一出，盈利7亿美元，所以特斯拉表面是个卖车的，实际上是"卖炭翁"。

好了，大家现在知道了，碳中和表面看似乎是个简单的环保问题，其实背后是国家能源安全问题。但是如果你以为它只是国家能源安全问题，那格局就又小了，其实它真正解决的是一个更加宏大的问题，关乎中国经济整体结构的产业布局。

碳中和是一个环保口号，是一个为全人类考虑的宏大目标，然而它对于我们国家来说，其实是一个完美的、经济转型的卡尺。大家想象一下，要实现碳中和，减少排放，第一步就是要淘汰掉高排放、高能耗、高污染的企业。

第二步是产业升级，以前说产业升级，意思是把工业、制造业转型成为服务业，大家都觉得开工厂不如投资金融或者互联网高级，以至于我们国家的制造业生产总值在GDP中的比重已经下降到了27%，像德国、日本这样的发达国家，制造业也还占30%以上，只有美国是20%左右。

但是这个事情最近起了很大的变化，尤其是互联网行业在2021年明显受到了更全面的监管，现在国家新的政策叫作"保持制造业比重基本稳定"。

什么意思呢？就是我们以前看英国和美国，特别是美国，都以服务业为主，靠着金融和互联网在全世界赚钱。但是最近几年美国这个路径暴露了自己的问题，好像服务业也没我们想象中的那么美好。与此同时，在2008年金融危机之后，当美国还深陷泥沼时，德国居然缓慢地复苏了，德国靠的就是本国的高端工业制造，比如新能源、新材料、生命科学、精密加工、汽车等领域，世界领先，而且居民幸福度很高。

碳中和就是一把完美的尺子，什么样的制造业是我们想要的制造业呢？是高效、高附加值、低污染的制造业。这些完全符合碳中和的需求，等于是用一把环保的尺子，量出经济发展最需要的产业，这才是碳中和最大的意义。

我们再回头看，"十四五"规划里提到的高质量发展，与碳中和的目标是完全一致的。只有高质量发展才能完成碳中和，而碳中和反过来又明确了什么是高质量。国家的政策单独看，只能看出一条线，而当我们把这些线索层层相连，就会看到一股滔天巨浪，以不可抗拒的态势推动着发展的方向。除了碳中和，我几乎无法想到有另一件事，可以既如此完美地表达我们对全世界的善意和责任，又能对内指明国家产业升级的大方向。所以，这件事将会在未来的几十年里，贯穿始终，坚定执行。毫无疑问，这里面也会蕴藏着无数产业发展的巨大机会，请你立即做好准备。

（2021.9）

脱虚向实——行业变革预测

接下来的三年,中国有哪些行业会被整顿?这背后的根本逻辑是什么?跟我们有什么关系?

先说结论,从现在开始,所有在赚快钱而没有创造增量价值的行业,都会受到制裁。

什么意思呢?比如2021年,我们见证了对课外培训、房地产和互联网三个行业的整顿,这三个行业以前是赚钱最多、收入最高、扩张最迅猛的行业,曾经风光无限。而现在教育培训基本已经消停了,房地产进入寒冬,互联网巨头也都在降薪裁员,这是因为这些行业不赚钱吗?恰恰相反,是因为这些行业太赚钱。

大家一定要了解一件事,就是国家对经济的调控,针对的不是企业或者行业,而是它背后的资本。资本的天性就是会去最赚钱的地方,资本是不带感情的,它不会管一个行业是否健康,也不会管能不能造福社会,它只看收益高低,哪里能赚钱就冲到哪里。

这个天性并不是坏事。在经济高速发展的时代,在增量时代,资本追逐利益,就会去投资那些效率最高的工厂、最优秀的创业公司，因为当年这些地方是最赚钱的。无须引导，资本自动就会去帮助这些好的、健康的企业扩张，帮助其发展。

但是，当经济发展的步伐放缓，当我们从增量时代转到存量时代，当创造新财富变得困难，资本就会掉头向内，对着存量动起歪心思。二十年前随便开个厂，很容易就能发财；十年前每个人身边都有创业成功的故事，那个时候资本代表的是开拓进取，做大蛋糕。但是现在再去开厂，再去创业，面对的是饱和的竞争，成功率低了太多。当资本遇到要爬坡的高地，它根本不会迎难而上。于是，就不再投资创造和创新，不再去做大蛋糕，而是玩起烧钱吃存量的游戏。

当教育培训不去教孩子真实的知识，只是不断教他们应试技巧；当房地产不再让中国人住上更大、更舒服的房子，只是在玩资金周转的债务游戏；当互联网行业整体的增长近乎停滞，中国的网民数量达到极限，为了维持垄断甚至主动阻止创新的时候，资本的天性，就需要受到约束。

你说这些行业不赚钱吗？不管这些行业的话，它们还是可以赚钱，但是习惯了赚轻松的快钱，谁会愿意去啃科技攻坚的硬骨头？一个产业的升级，需要的是巨大的前期投入和成败未知的等待，假如资本不愿意去，只能赶它们去。资本的内在规律也是一种自然规律，我们能做的，就是驱赶资本，把资本赶到也许不那么赚钱，但是能创造增量的行业。总结起来，就是四个字：脱虚向实。

那么，脱虚向实怎么理解？哪些行业可以利用这个机会崛起？哪些行业会因此走下坡路？普通人怎么抓住下一个机会呢？

以房地产行业为例。房地产行业最大的问题，不是贵，而是不能出口，房子要是能卖到国外去出口创汇，也不至于被打压。

所以当中国人人有房住的时候,房地产市场就会失去辉煌。同理,我们回归本质,任何行业,只要它不再能够提高人的生活水平,不能创造更多增量价值,它就不该是最赚钱的行业了。想要知道下一个被整顿的行业是什么,我们只需要记住"脱虚向实"四个字,这是中国央行对于资本流向最核心的一个要求。

如果你能分辨什么是虚、什么是实,你就能知道下一步什么行业能赚钱。行业能赚钱,本质来说就是资本都得流向它。多年以前,资本也是喜欢做实体的,开工厂、办企业,因为那时候做这些是赚钱的,甚至连房地产当年也是实体,不来虚的,上下游包含家装、家电、家居等几十个庞大的产业,也确实让中国人住得越来越舒服。但是,当盖房子变成了资本周转的游戏,房地产商都在推出理财产品的时候,它就从实变虚,不再是实体了,这就注定了会面临限制和监管。

按照这个思路,下一个可能有问题的,我预计会是金融行业。

今天,中国上市公司里最赚钱的前十家,其中六家是银行,一家是保险公司。它们不直接从事生产,只做资金的调配,却成了最赚钱的行业,这件事情听起来就很不脱虚向实。大家购买的理财产品,名字起得花里胡哨,但是打开层层包装一看,最后里面装的资产还是放贷或者炒地皮。

金融机构贪图安逸我完全能够理解,别说银行,以身边人为例,如果两个朋友来找你借钱,一个说要拿钱去开厂、去创业,一个拿着房子来跟你抵押,说如果还不起钱就用房子还账,换成是你,你大概也愿意借给抵押房子的。

这就是资本的天性,当发展停滞,实体出现困难,金融行业很快就会玩起资金空转的游戏。

这个时候，就需要有外力，强制银行把钱借给那些也许不赚钱，但是利国利民的项目。国家近期要求银行向各类企业让利1.5万亿元，要知道，银行业一年的利润是2万亿元左右，这等于理论上银行四分之三的利润都会在未来让给企业。

银行业可能即将开始残酷的竞争，毕竟在中国，各家银行之间的利率和产品几乎没有差别，拼的就是服务和渠道。未来行业利润下滑，那么不论是薪酬待遇还是升值空间，都已经很难回到之前的高度。现在还在考虑入行的年轻人建议慎重。

那么，什么行业会趁势崛起呢？新能源产业到底有没有泡沫？芯片、光伏和高端制造产业，到底是不是虚高了？

这里可以肯定地说，这些行业现在就是有泡沫。

过去一年，跟新能源、芯片相关的行业鸡犬升天，公司股价翻倍的比比皆是，从业人员工资也是不断上涨，但这个行业本身赚钱了吗？新能源龙头企业一年亏损几亿元甚至几十亿元，远没有到赚钱的地步，眼下的繁荣，只是资本热炒的结果。

国家调控产业的手段，说白了就是让正确的人能赚到钱，让相关的人能致富。很多时候在热门行业里，大家觉得自己拿到高薪，是靠自己的努力、靠自己的能力，其实大部分时候还是因为赶上了行业的腾飞。

政策就是用超额的回报，把人才吸引到对国家有利的行业去，等人才够多了，大家不太好转行的时候，人才和技术就已经沉淀下来了，想走也走不了，相关政策就会慢慢停止。这中间一定会造成巨大的浪费，但是不要紧，对于关乎国家前景的重要领域，进行饱和式的喂养，那是完全值得的。

举个例子，中国已经有了A股主板，为什么还要有科创板和北交所？因为怕主板引来骗子，所以把门槛限制得特别高，但有些发展科研的高科技企业，早期一般都不太赚钱，甚至是亏钱，光看表面，根本不符合主板上市标准。

不能上市，就没法融资，老板就没法致富，老板不赚钱那肯定不行，国家鼓励的行业，你不赚钱，怎么能吸引更多的资本投资呢？所以高科技产业的老板，必须为国暴富。

所以在科创板，高科技行业即便亏损，一样可以上市，北交所上市门槛更低，最低市值要求仅为2亿元。像做量子通信的国盾量子，在科创板上市当天就涨了大约9倍。

就是必须让这样的人发财，资本才会跟进。以目前国家对高新技术人才的重视以及对产业的大力扶持，可以预见，很快会出现一批骗子和一些高科技骗局。但是不要紧，十个项目里只要有一个是真的，这波就不亏。

所以，接下来几年，高端制造、新能源和生物医药等相关企业人才也一定会获得更高的收入。于国于民这都是件好事。但是对于个人来说，我们也要意识到，行业周期正在不断缩短。我们父辈可能还有人可以一辈子从事一个职业，但是如今行业周期由盛到衰往往只有五到十年。比如十年前的房地产、五年前的汽车、两年前的互联网，都曾经非常红火，但是当热度过去，增长到了尽头，只有提早做准备的人，才能安全降落。

而你，是否准备好去迎接下一个时代呢？

（2021.12）

高考填报志愿的扎心真相

本篇从我的角度跟大家分享一下高考选专业的问题。

我的本科在加拿大读，硕士在英国读，自己没有填报志愿的经验。然而，我观察到了一个现象，现在几乎所有专业都在退坡，比如"劝人学医，天打雷劈；劝人学法，千刀万剐""技术穷三代，工科毁一生"。前几年计算机专业特别火，结果这几年"996[①]"熬得大家也挺悲催。这样看了一圈，大家会发现，还上啥学啊？不如出家吧，四年后你的同学找不到工作来庙里烧香的时候，你就是就业成功的典范。

这几年的毕业生，面临的就业竞争是空前地激烈，大量传统好岗位，十年前招人，门槛不过是本科、专科，现在都是硕博起步，即使干的事是一样的，学历门槛却不断提高。进入体制的选拔也很热门。去年杭州某事业编单位，要求硕士学位以及中共党员身份，就这样报名时还是八百个人里面选一个。

总之，现实中就业似乎竞争激烈，网络上学生都对自己的专

---

① 早上9点上班，晚上9点下班，一周工作6天的制度。

业不断吐槽，三百六十行都在劝退。那这一切问题的根源，究竟在哪里呢？

我觉得，这跟学生个人的选择没啥关系。根本原因是中国很多行业，"用三十年的时间走完了发达国家一百年的路"，这导致了两个严重的后果。

第一，很多行业剩下的"七十年"可能"无路可走"。简单来说，就是目前很多领域从兴起、腾飞到饱和、衰退的周期远远短于个人的职业生涯长度。以前的人一个岗位可以干一辈子，现在谁都不敢确定自己的岗位三十年后是否还会存在。你可能18岁高考进了热门专业，23岁找工作时却发现自己要从事的已经是夕阳产业。中国的进化速度超过了大多数人跳槽的速度。像工程、金融、IT这些曾经风光一时的行业，也都在经历快速迭代的周期。

以我比较熟悉的基础建设和汽车产业为例。

2000年的时候，中国城镇化率达36.22%，高速公路里程共16 000千米。

到了2019年年底，中国城镇化率达到60.6%；高速公路总里程达15万千米，翻了快10倍，每年新增的长度差不多就等于日本全国的里程。

这些数据都说明了一件事：短短十几年时间，人类历史上最巨大的工业化国家横空出世了。这是民族复兴过程中必经的道路，是很伟大、很浪漫的事。

那么相应地，在过去的二十年里，相关专业，比如土木、电气等工科，赶上了巨大的财富机会。

对于千禧年前后参加工作的人来说，史无前例的巨大市场空间摆在眼前。在此之前，高级人才稀缺，各单位的规模体量也都还小。他们的职业生涯，赶上了时代的风口，再笨也能快速成长。

于是大量的设计院，在21世纪头几年的时候，骨干员工每年就有几十万元收入，工作一两年就能买一套房。但是现在情况已经发生了变化。高速公路方面，中国不但总里程傲居世界第一，就连人均高速公路里程都已经超过了日韩。

道路已经非常充足，不再需要太多的相关人才。假设一个年轻人2012年参加高考，选择土木工程专业，经过七年苦读，硕士毕业后加入顶尖设计院时，他可能会悲催地发现：自己的职业生涯刚开始，就面临一个竞争惨烈的职场，上面的领导都还年轻，公司暂时也不会有扩张计划，哪里还会有升职机会呢？

千禧年年初参加工作的人，退休最早要等到2040年之后。

于是，经济腾飞时代积累的巨量工程人才，注定要在一个需求萎缩的结构中，度过职业生涯的大半时光。

这听着有点悲催，但这就是现实中很多人所面临的尴尬现状。

这个群体的主力，是新入行的小年轻，规模是21世纪初那批入行的人的几倍。先行者已经是各大单位的领导和骨干，并且普遍是80后，年富力强，根本不会让出空间给后来者。

汽车行业也经历了类似的情况。2000年时，中国一年汽车销售总量为210万辆，到了2017年，中国一年卖了2 900万辆车，一个月的销量比当初一年都多。

大量新建的汽车厂，在短时间内投产，国内自有品牌，国外合资进口，加上新能源各种新兴造车势力，吸纳各路英才，过去十年，相关的工作机会、升职机会非常丰富。新人刚进去没干几年就能成为核心业务骨干，由于公司要扩张，需要提拔大量管理人员，很容易就又当上领导，然后迎娶白富美，走上人生巅峰。

但问题是，这种爆炸式的扩张不是常态，需求端不会无限高速增长，一旦扩张到了极限，市场就会饱和。从2018年开始，汽车销量逐年下滑。

汽车销量下去了，必然导致产能过剩，进而导致工厂关门、企业倒闭，工人和管理团队被遣散。这个时候，别说升职的机会减少，就连入门的工作都很难落实。

当年吉林大学的汽车工程系号称一汽大众的黄埔军校，学生根本不愁就业。而2021年，大众居然取消了与机械相关专业的校招，这批2016年入校的学生是在汽车行业顶峰时选择的这个专业，如今学生毕业，环顾四周，却发现行业已经江河日下，而且这跟你个人的努力没多大关系。

这也导致了第二个后果——心态失衡。

过去三十年各行各业的快速发展、财富效应，极大拉高了大家的期望值。参照系不是常规的，平常心便成了奢侈品，能力、素质等各方面相仿的两个人，仅仅相差几年毕业，可能就业机遇、财富机遇就有天壤之别。

2019年，杭州市人均工资为8万元，那么假设一个年轻人年薪16万元，两倍于社会平均水平，收入就不算低了。

但如果这个人看看五年前入行的前辈，很可能会有心理落差——人家在行业扩张期升职成了管理者，说不定还解决了住房问题，这一下就跟后辈拉开了巨大的差距，而且在可预见的时间里，无法靠个人努力去追赶。

这就间接恶化了很多工作的性价比，导致不论你是学什么的，都觉得自己的专业不行了，对当初的选择后悔了。

这些年轻人，行业红利没享受过，却又见证了那段纸醉金迷的岁月，早工作五到十年的同事积累的财富，让自己难以企及。这种落差感，让大家都变得佛系。当然，基建和汽车行业是从热门专业沦为劝退专业的典型，也是特殊国情中的特殊存在。

那么，究竟要怎么选择呢？

今天我们谈论最多的5G、人工智能等热门行业，没人能打包票一定会持续扩张下去。要知道，4G到现在也不过短短七年，也就是你读完书的时间，这项技术就已经落后了。

似乎再也没有什么专业是长久的、稳定的。

如果你领悟了这一点，就已经赢在了起点。不论选择了什么专业、哪所大学、哪座城市，都不会定义你事业的成败。你在大学期间唯一需要磨炼和掌握的，是敏锐感知变化和快速学习知识的能力。

"学习能力本身"才永远是最强的专业。

永远保持迎接变化的心态，并且从现在开始锻炼自己切换赛道的能力，将是你事业发展的核心优势。祝所有正在选择的年轻人前途远大。

（2020.7）

浅谈消费公平

消费公平里面其实包含着好几件事，先说消费。

世界上的发达国家，每年居民消费占 GDP 的比重是多少呢？美国、英国的数据是 60%～70%，欧洲、日本稍低一点，但也都是 50% 以上，接近 60%，而目前我国居民消费在 GDP 里的比重是 38% 左右，非常低。但是，"非常低"换句话就是"非常有潜力"。

一个国家的发展，GDP 里包含的主要事项，就是投资、消费、出口，其中我们的投资，特别是政府投资部分，发展基建、修高铁高速，常年是经济发展的主要动力。我国的对外出口，在中国经济腾飞的阶段，也是主要的增长来源，中国是靠外贸攒下的第一桶金。甚至在 2020 年，在全球贸易战的大背景下，疫情导致国外很多企业停工，而我国的对外出口数据仍然非常好，贸易战进行了两三年，结果我们对美国的出口甚至创下了历史新高，大概 7 000 亿美元。

可以说，投资和外贸，支撑了中国过去三十年的这一轮飞速发展，很好地完成了历史使命。但是百尺竿头，更进一步却很难。再去修路，没有那么多路需要去修了，边际效益下降得厉害，再加上国际环境复杂，外贸也有点说不准，所以决策部门现在实际上把注意力放到了消费上面。在"十四五"规划里面，对于2021～2025年的经济方向，乃至2035年的远景规划里，关于经济的部分，现在主要的提法，叫作打造以内循环为主体的国内、国际双循环。这是把促进消费放到了一个很高的战略位置上。

所以，2021年是政策上开始转向消费的元年。不知道有没有了解投资的朋友，2021年特别是上半年这个规划出来之后，当时消费赛道的创业公司被投资人抢疯了，融资非常容易，像我身边就有公司高管离职去做内衣的，还有去做巧克力的，资本非常看好。

但是，如果简单地从经济增长、投资收益的角度看这个事情，我觉得就看小了。消费不仅仅是简单地把东西卖出去，这次国家对消费整体转向，其实是一个更高级的标志。那么，这个标志是什么呢？

我们知道，不论是从传统文化还是以前的宣传口径来看，国家一直是鼓励大家储蓄的，储蓄的本质是为未来的发展做筹备。

现在反过来鼓励消费，说明国家已经在某种程度上度过了咬紧牙关才能完成积累的时期，到了要社会所有成员来共享一部分发展成果的时刻。这说明大家富起来了，但富裕的体现是什么？是储蓄率吗？显然不完全是，中国的储蓄率在2000年前后非常高，属于全球领先水平，但是我们今天肯定是比二十年前富裕。储蓄率高不能代表富裕，消费水平可能才代表真正意义上的富裕，而消费的公平才是社会真正的公平。

社会不公平的时候，我们最大的身体感受不是你有存款我没有，而是"朱门酒肉臭，路有冻死骨"，是"遍身罗绮者，不是养蚕人"，是消费的不公平，所以消费公平，是共同富裕的核心指标。

很多时候，在没有人看到的角落，一些没有太多人关注的群体，同样需要得到平等的支持和服务。2021年，中国65岁以上的老年人口已经达到了2.6亿人，空巢老人1.18亿人，预计至2030年，空巢老人将超过2亿人。知乎上有个热门的帖子，有一个83岁的老人，得了慢阻肺和冠心病，一到冬、春季节就要频繁地去医院看病。因为住得很远，每次去医院都要在寒风或烈日中等十几分钟的公交车，下了车还要颤颤巍巍地上一个很长的坡。老人为什么不打车呢？首先不是因为没钱，这个老人是退休教师，有社保也有公积金，可是老人不会用智能手机打车。老人有一个儿子、两个女儿，都在外地打拼。

2021年5月24日，中国有位叫张宏的盲人，成功攀登了珠穆朗玛峰，这是很难想象的事情，他是亚洲第一个登上珠峰的盲人。张宏后来说了这么一句话："不管你是残疾人还是正常人，不管你是失明，还是没有腿、没有手，只要你有一颗坚强的心，你总能完成别人口中不可能的事情。"我看到这句话的第一感觉不是感动，而是思路一下被打开了，原来盲人需要的不仅仅是生活当中细枝末节的帮助，同时他们也需要有追逐梦想的自由。据世界卫生组织统计，截至2016年，我国视障人士突破1 700万人，国内此类存在视力障碍人群的数量位列世界第一。

有时候我们科技发展得很快，经济发展得也很快，但是无形中就把一些弱势群体落下了。这个时候就需要有人回头看一看。

目前在中国，包括农村，大家习惯于用一、二线城市的消费能力、消费习惯来推论全国市场。因此，所有的消费环境实际上更倾向于一、二线城市，甚至四、五、六线城市的客观消费需求都已经被遮蔽。但其实，小城市、县城以及农村人口占据中国人口总量中的大多数，光是农村就有5亿人口，但是其消费额却只占居民总消费支出相对较小的比重。改革开放以来，农村居民消费支出占居民总消费支出的份额由1978年的62%逐年缩小到2018年的21%。这是城镇化的成果，因为农村人口变少了，但这也是一种压力。

即使人口数量减少了，农村依然是我国最有潜力、最需要发展的数字消费市场。2009年，"家电下乡"四个字让家用电器销量提升了3 768万台，销售额提高了693亿元。现在，互联网的到来为农村带来了新的可能。2021年6月，我国农村网民规模为2.97亿人，农村地区互联网普及率高达59.2%。

如何让他们更方便、更公平，或者说白了，在更不容易被欺负的场景下去消费，这不仅仅是经济发展的必然需要，也是社会更文明的体现，以及在人文价值上的一种迫切需求。

上面这两个，是消费的环境公平和特殊群体的保护。第三点还有代际消费的公平，前面提到的两点公平更多是空间上的，有人居住在市中心、有人居住在乡村，有人居住在豪宅、有人居住在村屋，但其实时间维度上的公平也很重要，这就是代际消费。今天你能消费，明天我们的孩子还能不能消费？能不能可持续地、更好地消费？美国人口仅占全世界的5%，却消耗着全世界20%的能源，吃着全世界15%的肉，排放着世界总量40%的垃圾。我们不能也不应该重蹈覆辙。如何用更绿色的方式去消费，用技术手段，让更多的人参与，这也是一个重点。

最后，关于理性消费。我们一直倡导的是理性消费和合理借贷，其实在我看来，中国人消费真的过于理性了。

我有过一个关于中国人负债率的研究，中国全国总杠杆率是260%左右，就是说，借的钱是GDP的2.6倍，我们的GDP是114万亿元，差不多总负债是300万亿元。听着不少，但是居民的杠杆率在这个260%里只占了一部分，是60%，也就是70万亿元。全球其他国家大部分是在80%以上，像瑞士、加拿大、澳大利亚等国家都达到110%，而我们只有60%。并且，中国在做这个统计的时候，是把个人经营贷款也包含进去的，这在别的国家都算企业经营贷款，这部分钱是15万亿元左右，去掉这个，居民贷款只剩下55万亿元。而且这55万亿元里面，又有30多万亿元是房贷。再看短期消费贷，诸如信用卡等，这部分共计8.8万亿元，占比13.9%，这个数字非常小，所以中国人整体借的钱并不多。

但同时我们还需要注意，中国是全球第一大奢侈品消费国，2021年，中国人奢侈品消费额占全球的46%，其中近一半的奢侈品销售额是30岁以下年轻人贡献的。

正常来说，奢侈品应该是用自己财富的4%左右去购买的，但是在中国，却有年轻人用40%甚至更高的比例去购买，当作炫耀型消费。去年我在网上也见证了一个新名词的诞生，叫作"野性消费"。可见中国人不同群体之间的消费理念存在着非常明显的差异，其中的矛盾来自我们城市化进程中的一个悖论，那就是，在中国，"人"的城市化，要远远滞后于城市化本身。

如果一定要我呼吁，我想，大家尽量把消费贷款控制在年收入的三分之一左右就可以了，这属于很安全的边际范畴。随着消费水平逐步提高，对理性消费观的学习和坚持不能松懈，我们需要让消费回归需求，让消费回归理性。

过去，我国经济增长长期依靠投资拉动。2011年，投资占

GDP比例高达48%，居民消费占比仅34%，低消费伴随着高储蓄率，我国储蓄占GDP的52%。随着我国工业结构调整，服务业占比将逐步提高，经济对出口的依赖转向内需，消费逐渐成为我国经济增长的重要推动力量。

如今，消费问题已经不是为了书里的逻辑推理，而是被严峻的现实所逼。一方面，中国社会发展面临消费困境。为了我国人民的美好生活，我国必须制定促进消费的政策；为了国家发展的安全，我国也必须把发展经济的基点放在国内消费上。另一方面，是消费的可循环性，对经济的刺激不能以牺牲环境为代价。

在过去的发展中，我们走出了一条属于自己的路。富人多了，人民似乎也实现小康了。但这能从根本上体现我们真的强大起来了吗？也不尽然，木桶的容量取决于短板，大家都能幸福才是我们最想要的未来。

消费公平最根本的是共同富裕，人民有信仰，民族有希望，国家有力量。经济发展的目标就是让每个人都对美好生活充满信心，这样大家才能放心消费，消费公平才能真正实现。

（2022.3）

2

区域经济篇

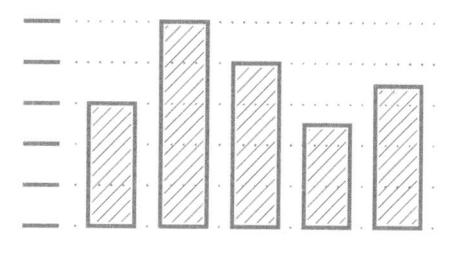

海南的两次房地产大潮之后

提起海南，我们能想到的是海鲜、沙滩、冲浪、椰子，是一个遥远的旅游目的地。曾经它是和深圳一样的改革特区，甚至一度打算赶超深圳。早在1988年，海南从广东脱离，升格成省，被特批成为中国最大的经济特区，深圳的成功让大家对海南的未来产生了误判，让全国的年轻人都上头了，他们带着暴富的梦想聚集到海南。从1989年开始，海南房价飙升，有人觉得近些年北京、上海的房价涨得太高，过于离谱，那是你没见过20世纪90年代海南的房价疯涨的时候。

可以这么说，上海市中心的房价，到2007年也才每平方米1万元，而在1993年，海南就已经出现了每平方米1万元的楼盘，那时候人均工资一个月仅仅几百元。而且，房子涨价不是按一年1倍算，而是在售楼处排在前排的，转手卖给排在后面的人，就能赚钱。当时10万人才下海南，出现了两万家房地产公司，后果当然也毫不意外，泡沫破灭，无数人的梦想化成一座座烂尾楼，甚至连海南发展银行都直接倒闭了，这是海南第一次折在房地产上。

到了2009年，海南刚刚消化完了上次的泡沫，国家又把建立海南国际旅游岛上升为国家战略。于是，熟悉的剧情又来了一遍，全国的资金蜂拥而至，一个月内海南房价翻倍，结果又是尴尬得不了了之。碧海蓝天，大有可为，海南怎么就非得跟房子杠上了呢？

2018年，海南迎来了自己的第三次历史机遇，被定位为中国第一个国际贸易自由港。这次，海南做的第一件事，也很简单：没有优先提经济发展、产业布局，先把房地产给按住，全岛限购，严禁炒房。人才来了单独想办法解决住房问题，凡是只想房地产投资的，对不起，不欢迎，别的可以商量，但是绝不能在一个坑里摔三次。

海南的当地官员也直接说了，海南有过历史教训。虽然离开房地产，发展上会有各种各样的财政困难，但是海南近几十年的经验，就是五个字："绝不能炒房。"

而且海南这次并不急躁，它已经等了太多年，在这次珍贵的机会面前，它不在乎多一些耐心。2018～2020年，海南的年均GDP增速只有5%，勉强也就达到了全国平均水平。但是，我们要看它的产业结构。2017年，房地产在海南GDP里占比46%，接近一半。2020年，房地产的比例已经降到了21%，可以说正在逐渐和房地产全面脱钩。这几年的增长放缓，实际上是一个有些痛苦的戒断过程，而终于在2021年，海南向世人发出了它重生后的第一声报喜，GDP增速高达11.2%，实际增速全国第二。考虑到第一名的湖北是因为2020年情况特殊导致2021年的反弹性增长，所以海南出现了全国最高的纯粹增量。

这样的成绩，当然不仅仅是靠打压房地产就能得到，那么到底是什么让海南用如此惊人的速度启动腾飞？而这样的腾飞能不能持续呢？再者，海南自贸港到底能不能成？对普通人有什么意义呢？自贸港是不是就是说，我们去买衣服、首饰、化妆品，可以免个税，便宜一点儿？如果仅仅是这么简单，它就不会被称为海南省历史上最大的一次机遇了。

海南自贸港，本质是一次"悬赏"，是一次对全世界开出的来海南发展的"悬赏"。

很多媒体喜欢一条条解读自贸港的政策，其实海南曾经拿到过中国最好的政策倾斜，结果20世纪80年代的贸易政策被投机客用来走私汽车，20世纪90年代和2010年的规划都变成了炒房的噱头，除了房价疯涨，什么也没给海南留下。经历了两次从希望到失望，这一次的海南，已经意识到了发展的关键。

面对这一次发展机遇的海南不要房地产，不要中转贸易，甚至都不要工厂，很多欠发达地区求而不得的产业，海南都没有再留恋。海南是见过世面的，所以对于它的新定位，官方定性是不会以转口贸易和加工制造为主，不会炒房，不会发展赌博业，也不会成为纯粹的避税港。

海南坚定地聚焦了高新技术、现代服务和旅游业。房地产靠不住，加工制造的时代正在渐渐成为过去。站在十年的维度，只有一个宜居、舒适的地方，反而才适合发展高新技术，这些产业本身就是在精不在多。像美国的硅谷，中国的杭州、成都，都是靠着宜居和舒适的环境孵化出了新兴产业。

于是，就有了海南自贸港这张"悬赏"。先是减税，来海南的目标企业，所得税只收15%。从2020年年底到2021年6月，大半年时间，海南600多家企业减了30多亿元的税，每家平均减税530万元。为了吸引人才，个人所得税也降到15%，很多高管个税原本是40%，这等于一下涨了30%的工资。随着减税范围的慢慢铺开，每年海南少收100多亿元的企业税、十几亿元的个税，这部分的钱就是政府让利给企业和高管。

不过，光靠降税还不够，如果简单地降税就能解决问题，那就没有穷国了。企业到哪里发展，也不是光看哪里税低，与之匹配的原料、资本、人才等都要考虑进去。海南自由贸易港，自由的不仅仅是贸易，还有它的资金也可以自由流动。境内外资本分阶段在放开，人才在自由流动，对内给人才各种补贴，对外逐步放开签证，原材料进来免税，生产设备进来也免税，几乎是不设限地编织岛上的产业基础。

海南的企业增量有多快呢？2021年的1～12月，全省新增的市场主体，同比增加52%，海南甚至抽调了省内专门负责经营的人员组建了营商环境专门小组。我在海南做生意的朋友告诉我，以前开公司做业务，有很多繁杂的手续，最近海南对当地企业的服务态度在以肉眼可见的速度变好。整个岛现在憋着一种渴望的情绪，不是简单地发展经济那种渴望，而是错过了太多，这次真的要把握住的那种渴望。实际上，海南的这次机遇，也不仅仅是一座岛或是一个国家的一次尝试，它实际上将会是中国在世界的一面新旗帜。

"自由贸易"这四个字，里面藏着的是中国在下个时代的骄傲态度。中国，是全球化最后的信徒。

中国加入世界贸易体系短短二十年，靠着外贸体系，从国际通商里的小学生，渐渐成长为贸易巨头。但是这个滋养过我们的体系，正在慢慢衰退。

我们这代人，见证了世界前所未有的开放时代，从20世纪90年代开始，全世界各个国家大体上都鼓励贸易，至少表面上的共识是大家都承认应该互相尊重、团结，做生意互通有无。我们甚至一度产生错觉，以为人类大同真的离我们越来越近。

但是全球化的进程在2018年前后突然开始停止。一些国家关上了门，说我得先顾我自己，不想再互相做生意。这个贸易体系当年就是发达国家建立的，我们慢慢学会了，我们超过了这些国家，结果这些国家现在不玩了，在逆全球化的浪潮中，中国居然成为全球化最后的信徒。我们不但打算继续坚持和平和贸易，还打算用更进一步的自我开放去拥抱世界。

海南建设自贸港的目的，就是要扛起这面大旗。这个自贸港绝不仅仅是发展海南这么单纯，而是国家的一次整体战略布局。这次的动作，和以前任何一次的海南改革都不同，这次是由中央直接参与，十四个部委直接参与，大规模下派干部。很多人说海南是对标香港，我觉得恰好相反，香港是入口，但海南不同。虽然表面上海南自贸港也是个入口，号称是外国人、外资、外企、外国商品自由流动之岛，实际上它是个出口，是中国进一步走向世界的出口。海南封岛之后，直接等于独立于海关之外，中国的货物可以无缝出口，而所需的人才、原材料，又可以免税进入。

想要走出去的企业，完全可以以海南为跳板，享受税收的优惠。海南也在全力以赴地想接住这个宏远的布局，全力提升营商环境，当地为企业服务的力度和态度都在快速接近世界一流水平。

海南位于东南亚的交通要道，我们要建立自己的贸易体系，东南亚恰恰又是最好的起点。中国现在最大的贸易伙伴已经不再是美国，也不是欧盟，而是东盟。中国14%的对外贸易是和东盟国家进行的，而且贸易额增速非常快，2018年5 000亿元，2019年6 000亿元，2020年接近9 000亿元，几乎完美对冲了其他地区贸易减少的额度。海南自贸港一旦成型，和东盟国家在贸易和经济上的联系就不止上一个台阶。

　　说来也很有意思，当全球争端四起，甚至兵戎相见的时候，当初带着我们进入贸易体系的国家，都纷纷不再相信人类命运共同体的时候，只有中国还在认认真真考虑，怎样才能和世界产生更紧密的连接，甚至拿出一整个省份作为关外特区。所以，当我看到北京冬奥会口号是"Together for a Shared Future"（一起向未来）的时候，我真的有些泪目，这哪里是一句简单的口号？这是中国想跟世界说的真心话。潮起于大海之南，而激荡世界，人类团结在一起的梦想，最后一定要我们努力来实现。

（2022.3）

成都 VS 重庆：未来在哪儿[①]

成都和重庆，这两座城市经常被人拿来比较，哪个城市更有前景，房价涨得更快呢？

大家先看基本数据。2020年，成都GDP是1.77万亿元，全国排名第七。重庆GDP是2.5万亿元，全国排名第五，总量上重庆领先。人均GDP，成都突破10万元，重庆没有公布官方数据，但测算下来在8万元左右。

从收入上看，成都在岗职工平均工资是每年9.7万元，重庆平均工资8.9万元，成都略高一点，但是物价也稍高，这一点两地基本上算是持平。

但是，现在做城市对比，工资和收入已经不是主要的考虑方面，房价已成为城市是否宜居的重要指标。

2016年以前，成都和重庆两地的房价比较平稳。两座城市的土地供应非常充足。特别是重庆2015年以前主动控制房价，年

---

① 本篇数据来源：成都统计公众信息网、重庆统计年鉴和2021、2020年重庆市国民经济和社会发展统计公报。

均4万亩以上的土地供应一度让重庆成为大城市低房价的标杆，2011年甚至出现了8万亩土地供应，房价一直保持在宜居的状态。成都前些年的供应也常年在2万亩以上。

但是从2016年开始，情况出现了变化。成都开始主动降低土地供应量，中心城区住宅用地供应减少了四分之一，土地价格开始大幅上涨。当年，成都区域地王、单价地王、总价地王等共计12宗，到了2017年又启动降容，容积率从3.0直接降到2.0～2.5。

开发面积降低让开发商普遍选择了溢价率更高的改善型产品，结果就是当年中心城区新房价格开始起飞，连带着重庆也升了一波。不过，重庆本地的土地供应，过去五年平均仍然超过3.5万亩，所以房价在大城市里仍然属于宜居水平。

根据最新的人口数据，2020年成都常住人口首次突破2 000万人，十年间人口增加689万人，增幅50%，而重庆人口十年间增加了320万人，增幅只有11%。

土地供应和人口变化的背后，是两座城市选择的不同发展路径。成都或主动或被动地选择了把房价拉高。做出这样选择的理由，除了地方财政需求，也有为了省会龙头发展的考虑。

在四川，成都的GDP，是排名第二的绵阳的6倍，占全省36.5%。对比其他主要省会城市的经济重心，杭州占浙江的25%，郑州占河南的21%，成都的省内地位大幅超出均值。

成都市依靠全省1/4的人口贡献了全省1/3的GDP，是这几年"建强主干"、以点带面进行经济布局的结果。

重庆则没有这个问题。38个区县虽然也有高低之分，但GDP超过1 000亿元的有8个，最高的渝北区不过2 000亿元出头。

两种模式的结果就是，重庆没有绝对中心，房价均衡上涨。

成都因为获得国家和四川省的大力支持，政策和资源不断倾斜，最终让成都的房价在西南地区一骑绝尘。

要讨论重庆和成都的未来房价和经济发展，我想从一件小事说起：成都的第二座机场，在2021年夏天启用了。

这件事，蕴藏着一个普通人投资的小秘密。在全国，只有北京和上海有双机场的布局，而且成都的第二机场，仍然是4F级别，这是连广州和深圳都没有的大型规划。

成都凭什么有资格建第二个机场，而这个机场的选址，又带着什么样的考虑呢？

2020年，出于疫情的原因，北京、上海国际航线停滞，成都双流国际机场旅客吞吐量跃居全国第二，仅次于广州白云机场。当年5月，双流国际机场起降架次更是跃居全世界第一，一度成为世界上最为繁忙的机场，所以这个机场根本承载不了成都现在的地位。2019年，双流机场的旅客吞吐量是5 585万人次，已经超过了5 000万人次的设计标准。

我们把视野放大，成都是中国西南的核心城市，我们国家近年最核心的对外策略，就是海上和陆地的丝绸之路。往西打通欧亚大陆，再联动非洲，再加上中国西部边界的各种特殊情况，在成都建设大型机场，不论是应对友好的和不友好的邻居，从军用到民用，都是必然的选择。

除此之外，成都地处盆地，进出高铁不好修建。2020年底，四川省的高铁里程在全国排第12位，高铁密度排第26位，远低于它在全国的经济地位。机场是对陆上交通的有效补充，所以，成都不但成了全国第三个双机场城市，而且这个机场还是国家"十三五"规划建设的最大机场。

国家对成都的规划，不仅仅是站在中国西南内部的考虑，也是对未来国际形势的综合设计。这个机场的修建，体现出的国家意志，远胜于对政策文件的简单解读。未来，成都不光是要联动西南，同时一定会成为中国对外的新出口。

这让我想起了早期的深圳和广州，这两个地方其实也有建第二机场的计划，但是深圳土地紧缺，想建新机场就得往东莞或者惠州要土地。广州第二机场的选址更是一改再改，是建在西边拉动粤西经济，还是建在佛山做实广佛同城，至今没有定论。为新机场选址的事，每年到了广东省和广州"两会"时，各方都会博弈。

那么，这是不是就意味着成都一定会比重庆发展得更好呢？同样是从这个机场，我看到了第二种可能。新的成都天府机场，位置在成都的东边，为什么不选在其他地方？

中国未来的城市群建设规划中，最重要的三个城市群建设，分别是长三角、粤港澳大湾区和成渝一体化。所谓的一体化，就是把这些大城市周围的小城市，慢慢吸收到整个城市圈内，不再独立发展，而是连成一片。重庆与成都的距离，和上海与南京的接近，上海和南京中间有苏州、无锡和常州，以及长三角大量富裕的地级市。但我们看一下成渝中间，内江的GDP才区区1 400亿元，资阳和遂宁的GDP更是不到千亿元。这些都是地级市，每个市都有好几个县，我们不说江苏和浙江的县，就拿苏州玉山镇一个镇来比，区区四十几万人就有将近900亿元GDP，比四川一个地级市还高。

成渝两座重镇，中间一点合适的衔接都没有，成渝一体化，重点并不是折腾成都和重庆，而是让这两座城市带动周边的整体经济发展和产业升级。

长三角固然有上海这样的巨型城市，但是它的富裕主要还是依靠全方位的发展，苏州、无锡、常州，近一半的全国百强县集中在这个区域。上周我开车路过德清，一个县的城市规划和道路，完全超过了一般的地级市。而成渝一体化，其实是国家希望两个城市日渐融合，取长补短，最终交融在一起，把中间的地级市一起带起来。所以成都的天府机场，辐射的是周边的自贡、资阳等地，是成都和重庆双向奔赴的一种具体体现。

很早之前我就说过，内陆的三、四线城市房价基本进入了一个长期的稳定下跌行情，但是大城市群之间连接部分的城市，还是有希望的。

成都的互联网和文创行业，重庆的重工业和制造业都是各自城市的优势。两地如果真的打通，把资源和产业形成互补，再在连接部分的城市将产业链补充完整，想在2035年追上东部发达地区水平，完全是有可能的。随着中国对外关系的向西倾斜，也许成渝飞速发展的机会真的来了。

所以，如果在成都和周边确实有个人买房需求，我持乐观态度。重庆地区由于对房价控制到位，土地供应量充足，也许短期并不会有大的爆发。但是这也意味着年轻人在这里可以找到生活和事业的平衡。

我在做两座城市对比之前，并没有意识到，这两座相爱相杀的城市，也许正是两座完全互补的城市。而国家对它们的规划，已经明确地在全力撮合。川渝，也许从来没有分过家。如果让你选，你会选哪里呢？

（2021.6）

黑马合肥:"双胖"的财富密码

过去十年中国哪个城市发展最快?成都?杭州?都不是,而是合肥(见表2-1)。当我看到数据的时候,我也有点傻眼,合肥这几年到底发生了什么?一家企业,可以给一个城市带来多么深远的影响?普通人选择合肥还有没有前景?

表2-1 2009～2019年中国各个大中城市GDP增幅排行

排序	城市	2009年GDP(亿元)	2019年GDP(亿元)	10年增长量(亿元)	10年增幅
1	合肥	2 102.12	9 409.4	7 307.28	347.6%
2	贵阳	902.61	4 039.6	3 136.99	347.5%
3	拉萨	154	617.88	463.88	301.2%
4	成都	4 502.6	17 012.65	12 510.05	277.8%
5	福州	2 524.28	9 392.3	6 868.02	272.1%
6	厦门	1 619	5 995.04	4 376.04	270.3%
7	重庆	6 528.72	23 605.77	17 077.05	261.6%
8	昆明	1 808.65	6 475.88	4 667.23	258.1%
9	武汉	4 560.62	16 223.21	11 662.59	255.7%

（续表）

排序	城市	2009年GDP（亿元）	2019年GDP（亿元）	10年增长量（亿元）	10年增幅
10	郑州	3 300.4	11 589.7	8 289.3	251.2%
11	银川	578	2 021	1 443	249.7%
12	西安	2 719.1	9 321.19	6 602.09	242.8%
13	海口	489.55	1 671.93	1 182.38	241.5%
14	南京	4 230.26	14 030.15	9 799.89	231.7%
15	泉州	3 002.3	9 946.66	6 944.36	231.3%
16	深圳	8 201.24	26 927.09	18 725.85	228.3%
17	乌鲁木齐	1 095	3 413.26	2 318.26	211.7%
18	长沙	925.98	2 837.36	1 911.38	206.4%
19	兰州	925.98	2 837.36	1 911.38	206.4%
20	南昌	1 837.5	5 596.18	3 758.68	204.6%

近两年在自媒体上有一个段子，说合肥是赌城，因为2007年，合肥拿出全市1/3的财政收入"赌"显示面板，投了京东方，最后狂赚100多亿元；2011年，合肥又拿出100多亿元"赌"半导体，投了长鑫，赢了，上市浮赢超过1 000亿元；2019年，它又拿出100亿元"赌"新能源车，投蔚来，当时蔚来几乎已经奄奄一息，公司随时面临倒闭，结果刚投资完，2020年整个新能源行业股价暴涨，蔚来涨了十几倍，合肥又一次大赚一笔。

这几次出手，按结果算，合肥的投资水平远超大部分专业投资机构。从2009~2019年，合肥GDP上涨近350%，在全国所有城市里名列第一，人口从400多万人突破到1 000万人，增速也是第一。

但是说合肥在赌的人，根本就没看明白，其实它的每一步，都是它不得不做的必然选项，根本没有赌的成分在里面。

首先，合肥的存在感在历史上一直很弱，像杭州、武汉、西安、南京这些省会，自古就是繁华重镇，更别提天津、上海、北京这些直辖市了。安徽以前的省会是安庆，合肥开府时勉强算个县城，人口不过5万人，工业几乎没有。合肥既不临江，也不靠海，更不像交通枢纽的郑州。

一无所有的合肥，发家的第一桶金，不是任何一个企业，而是中国科技大学。当年中科大从北京外迁，首先考虑的是湖北和河南，但是湖北已经有武大，河南只能提供土地，给不了粮食。此时合肥倾其所有，不但保证学校吃穿，还给它提供了南方唯一有暖气的校舍。

就是凭借这一批科技人才，合肥开启了逆袭之路。20世纪八九十年代，赚钱最容易的是造家电，于是，中国第一台VCD、第一台空调、第一台全自动洗衣机，都在合肥诞生。

但是家电行业竞争激烈，价格掉得很快，生产家电在二十年前就不太赚钱了，到了2005年前后，合肥亟须突围、亟须新思路。如果你是合肥的主要官员，此时你掌握着一流的科研力量和家电产业链，你会干什么？当然是研发更高级的家电，卖更贵的家电。

当时，家电最值钱的是面板，国内造不了，只能依赖进口。如果去找海外巨头，比如三星、友达、奇美等，人家根本不会理你。于是合肥找到当时落魄的京东方科技集团。据传，京东方当时已经基本确定在宁波落地，甚至框架协议和部分征地工作都做完了，毕竟宁波在沿海发达地区，京东方老板王东升也是浙江人。但是，当合肥开出它的条件后，京东方看完人都傻了——政府不仅提供企业用地，你缺钱，我合肥地铁都停工不建，公务员工资都打算不发，计划拿出财政收入的80%来资助这一个企业。这种豪情，我们至今回头看，仍然是动人心魄。所以当时京东方听完也没多犹豫，接着就在短短几个月之后，把生产线开到了合肥。

落户两年，京东方股价起飞，给合肥市政府带来了丰厚的回报。但是，政府投资企业的真正目的，根本不是那区区几十亿元利润。

不可否认，钱的确是一个方面，比如合肥几次精妙的抄底操作，接纳了落魄时的京东方、长鑫存储和2019年垂死挣扎的蔚来汽车，每一把都是几倍收益。有人测算过，京东方在十年前带来了100亿元收益，长鑫和蔚来大概也都是这个量级。100亿元虽然不能说是小钱，却也绝没有到能影响十年经济走向的地步，合肥在过去十年稳居全国GDP增速第一，并不是因为这区区100亿元的收益。

那么，是为了带动上下游产业链吗？的确，龙头企业可以带来企业的聚集，京东方搬至合肥，它的客户、供应商、服务商等，不免都要在当地设点。现在面板制造相关的项目在合肥超过120个，投资额1 550亿元。中国人能买得起75寸大电视，合肥功不可没。同理，长鑫带来了存储芯片产业，蔚来带来了新能源汽车产业，都是千亿元级的大买卖。这些企业落户之后缴的税，每年都是一个惊人的数字。

然而，这仍然不是政府投资最大的收益。它真正图谋的，既不是钱，也不是资产。它图谋的是有研发能力的科研团队，是有行业经验的管理精英，是经验丰富的工程师，是年轻的技术人员，是产业工人，甚至是他们的家人，是我们每一个普通的经济原子。

合肥投资企业，最大的收获不是GDP增速第一，而是当地人口在短短十年内翻倍，已经突破1 000万人之多。人口数量增加的同时，人均GDP也还在涨。这些企业的工人、管理者、技术员，需要吃饭穿衣，他们的家人需要安居乐业，于是围绕着工厂，就会开餐厅，开宾馆，建设学校、医院、图书馆。中国工业制造业与服务业的人口乘数为1.11，也就是说，每一个制造业的就业，就能带来1.1个服务业就业。这些来此谋生的普通人领到了工资，就会在当地消费，于是GDP开始在当地轮转，货币乘数拉满，从此循环往复、生生不息。

我们关注一座城市的发展，从来都不是看政府账户里有多少余额、工厂里有多少台昂贵的设备，而是要看每一个普通人是不是能够在这里规划自己的人生轨迹，在某一个小区里点亮属于自己的灯火。这才是经济发展的意义，也是政府费尽心力去谋划长远的根本目的。

你们以为合肥的腾飞，是头脑一热，找到一家公司，整个城市就赌上去了？根本不是，请仔细看合肥的产业布局，说得好听叫与企业共进退，说得难听就是接盘侠，因为不落魄的企业它也很难吸引来。而这样的企业，落地之后从复苏到带动相关产业，往往需要几年，甚至十多年的漫长周期，这已经远远超过了我国政府官员的任职周期。也就是说，当初种下种子的人，很可能不会在任期内看到开花结果。但是合肥一而再，再而三地做成了这件事，这一定是在系统内形成了某种传承，这才是藏在经济发展背后最让人感动的部分。

但是，光靠着一腔热血，就能把不起眼的内陆省会变成经济增速第一的城市吗？显然不是，合肥到底做对了什么呢？

在过去四十年，中国城市崛起走出了三种模式：深圳模式、成都模式和合肥模式，分别对应着城市的制度优势、区位优势、政府领导力优势。

深圳是中国改革开放以来最先开放的城市之一，拍出了中国第一份土地使用权，发行了中国第一只股票，所有经济领域尝鲜的事，几乎都出现在深圳。有了先走一步的优势，企业就有了更大的自主权，比如现在深圳又被列为社会主义先行示范区，开始了新的尝试。

成都则是地理区位优势的代表，处于中国西南地区的中心位置，四川集全省之力建设成都，成都GDP是排名第二的绵阳的6倍，占全省的36.5%。而且成都成为继北京、上海之后第三个部署双机场的城市，对内整合整个西南地区的资源，对外是"一带一路"的重要起点，成都在下一个十年也将会迎来巨大的机会。

然而如果没有这些天时地利，城市是不是就没救了呢？合肥模式则代表了一个城市的内生增长力。合肥模式是一个样板，当一个城市既没有区位优势，又没有制度优势，如何吸引优秀的企业来入驻，又如何利用一家企业建设一整条产业链？从全国来看，贵阳有数据产业，杭州有互联网产业，只不过合肥跟这些城市相比，起点更低。2001年合肥的GDP在全国36个主要城市中排名第27位，二十年间合肥的GDP涨了30倍，过去十年无论是GDP增幅，还是人口增幅，合肥都排名全国第一位。

这种模式非常依赖领导层对产业的深度把控，一个城市的资金是有限的，一旦投资失败，损失的不仅是财政实力，还有整个城市的信心。回头来看，合肥每一次投资行动都在冒险，只不过合肥赌的不是1倍10倍的投资收益，它图谋的是产业，更是人才。

人们以为合肥每一次都赌对了，其实大家不知道的是，合肥每一步都踏着两只船。在2008年开始做液晶面板之后，第二年，合肥又斥资20亿元引进日立的等离子面板项目，这个项目没几年就失败了。2015年谈长鑫的芯片项目时，合肥还同步从中国台湾引进了晶合电子。在2019年化身白衣骑士拯救了蔚来之后，合肥还同步运作了江淮汽车和德国大众的联合。

人们看到的每一次成功，都不是合肥的孤注一掷，而是它看准行情之后，两边下注。最后不论开大还是开小，它都是淡然一笑，胜负早已在事前揭晓。

只是政府相关部门确实没法跟大家细说，他们总不能说我其实同时谈了好几个，京东方成功了固然很好，但是当年万一液晶不行，等离子我们一样能够成功。蔚来能不能活下去不重要，大众会不会吞了江淮也不重要。重要的是，这些巨头带来的人才、管理方式和相关上下游企业，会在合肥的土壤里生根发芽。

当年合肥举全民之力供养中科大，熬过冬天之后，中科大培养的人才，又一代代反哺着当地的产业。我想也许合肥从那个时候起就已经明白，产业来来往往，有起有落，只要有人才，就不会被时代抛弃。

一座城市，带着这样的经历和气质，在新一个五年计划的转角，我对合肥下一次的下注，已经充满期待。

（2021.10）

太原目标，真的靠谱[①]

太原这座城市，在全国省会里原本并不显眼。但是，它的"十四五"目标是要在2026年之前，把GDP提升到1万亿元。要知道在定这个目标的时候，太原2020年GDP才4 100亿元，等于五年之内要翻2.4倍，才能实现它的目标。

我本来也以为是根本不可能的，虽然中国已经有20多座城市GDP破万亿元，但是从5 000亿元到1万亿元，是一个很大的坎。上海2001年GDP是5 000亿元，2006年才到1万亿元；深圳2005年GDP是5 000亿元，2011年才到1万亿元；杭州2009年GDP是5 000亿元，2015年才到1万亿元，而且还是在经济增速最高、平均增长都有10%的年份。再看看最近几年破万亿元的城市：南通用了七年，东莞用了九年。太原GDP只有4 100亿元，想提升到1万亿元，意味着平均每年要增长18%，这在中国发展最快的年份也很难做到。跟太原接近的几座城市，像惠州、宜昌，普遍都把五年目标定在7 000亿元左右。

[①] 本篇数据来源：各省、市统计局。

但是，没想到，2021年，太原的GDP增长了23%，在全国所有城市里排第一。一年时间从4 100亿元到5 100亿元，如果能保持这个速度，到2025年末，太原GDP也许真的能直接提升到11 500亿元，远超万亿元目标。原以为是不可能的梦想，一下变成了逆袭的剧本。

不过，虽然太原完美开局，我还是觉得1万亿元的目标很难实现。2021年一年23%的增长，其实有很大的运气成分，因为煤炭矿产价格大涨。大家应该还记得2020年因为煤炭价格疯涨，很多地方一度连电都用不起，四处限电。而煤炭产业占了整个山西省GDP的一半左右，以往多年煤炭价格一直稳定在每吨500元以上，2020年开始小涨，到2021年的年初，已经涨到了每吨800元。然后下半年又暴涨一轮，9月份出厂价就飙升至1 900元，外面卖到2 000元以上也很常见，即便后来出了政策限价，价格仍然保持在800元每吨的高位。太原自己的产煤量就有4 200万吨，从500元涨到2 000元以上，直接增加了几百亿元的GDP，加上山西其他城市煤矿赚了钱，也会到省城消费、投资，这些也算在太原的产业里，GDP一跃成为全国第一，也就不太意外了。但是煤炭价格总不会一直涨下去，煤价一跌，太原2022年的GDP数据一定不会好看。

如果接下来几年煤炭价格不再上涨，是不是说万亿元GDP就没希望了呢？也不一定，其实当我第一眼看到这个目标的时候，想到的第一个可能就是传闻中的太原晋中一体化进度，如果太原真的能在五年内合并晋中的一些区域，也不是没有机会。其实按道理，太原已经是中国最后几个没有扩张的省会城市了，总辖区面积在全国省会里排倒数第二，现在适当发展一下，也是合情合理，像成都合并温江、简阳，长春合并德惠，再有西安合并蓝田、临潼，济南合并章丘、长清，都用了逐步扩张、做大GDP的强省会策略。所以，为了实现万亿GDP目标，我们会不会在五年内看到一个不一样的太原呢？

实际上，山西在中国经济中的地位被远远低估，跟东北一样，山西是在国家最需要的时候输过血的地方，我们欠山西人太多。

现在大家一提起山西，想到的就是煤老板、挖矿还有雾霾等，山西远没有获得它应得的公正评价。确实，不论是人均收入还是GDP，它在全国都很不显眼，但是，这并不是因为它做错了什么。

有人羡慕山西有矿，煤老板有钱，但是如果你去问山西人，是不是真的喜欢煤矿，答案可能是很矛盾的。

家里有矿，确实让一些人富了起来，但是大部分普通人就跟其他内陆省份一样，拿着不算高的人均收入，还得承受开采煤矿所造成的污染。而且矿也不能算是山西人的矿，2020年10月，煤价达到最高点的时候，天气也渐渐转凉，眼瞅着北方过冬的燃料供不上，国家协调山西跟周围十四个省份签订了保供合同，保障供应，解了燃眉之急。

要知道，那时候煤价已经涨到2 000元，但是这份保供合同里的价格是多少呢？封顶不超过1 200元，卖1吨亏1吨，这是还能拿到钱的情况。20世纪90年代，山西被欠了大量的煤炭白条，而且由于煤炭是关乎国计民生的关键资源，即使拖欠煤款，也不能断供。2000年以前，外省共拖欠山西煤款120亿元，而1999年山西省全省财政收入只有109亿元。

煤炭价格高的时候，需要打折保价供应；煤炭价格低了，损失只能靠企业自己扛着。山西被赋予了资源提供者的岗位，煤炭价格是有计划的，而山西需要的衣食住行、手机电脑可是都按市场经济，没人给山西打折。山西发展煤炭和重工业要靠官方协调资源。民营经济占比在全国倒数，必然导致效率低下。又有人说山西雾霾大，又要挖煤又要运煤，有时候还要就地烧煤，那确实干净不了。我觉得山西的煤、河南的粮和东北的人才，应该并称中国三大"白给"资源，在中国经济全面崛起的幕后，奉献了自己。现在中国强大了，这些地方却没有站在聚光灯下，我建议我们得跟这些地方补上一句"谢谢"。

不过好在山西的转型也正在进行。去年装备制造业增加值增长29.9%，高技术制造业增加值增长36%。苹果第一大代工厂富士康在太原就有一个很大的工业园；比亚迪2016年也在太原建设新能源车的整车工厂，去年还新增了20亿元投资。太原作为一个资源丰富的城市，没有躺平，而是大力发展制造业和新兴产业，科教文卫的投资比例也在全国前列。

西安，1 300万人口，GDP 1万亿元，太原仅以区区530万人口，就达到了5 000亿元以上，而且还在以极高速度增长。这样保持下去，2025年的山西会是什么样子？能否成为下一个厚积薄发的区域？

最近两年，很多省份开始实施强省会战略，现在我国总人口约14亿人，27个大陆省会城市人口总量就占了2.3亿人，各个省会都在不断变大。

几个超大省会不必多说：成都，全国第一个2 000万人口以上的省会；然后广州是1 800多万人，直奔2 000万人。1 200万人口左右的省会还有武汉、杭州、西安、郑州四地。

中国的所有省会，在过去几年中不论是人口总量，还是人口在省内的比例，都在快速增长。特别是西安、武汉、成都三地，省内人口占比，也就是我们说的省会首位度，都增长到了百分之二三十，全省三分之一的人住在省会。

有人说这就是靠着省内兄弟城市的牺牲换来的。城市面积变大了以后，就业压力大，生活节奏快，环境嘈杂，空气差，而且交通特别拥堵，房价特别高，坏处是真的多。

但这里就出现了一个囚徒困境，你清高，你不做大龙头，别的省份会做大啊，而企业、项目这些资源都是奔着群聚效应去的，你的省内各个城市是发展得很均衡，可是企业走了，项目走了，人当然也会离开省内。

中国的城市竞争是全面的，北方人可以去海南，西部地区到江浙地区也比比皆是，现在整个中国的人口流动就是一个从北向南、从西向东的大趋势。哪怕是这些做大了的省会，也都只能稳住省内基本盘，仗着大家离老家近，还能撑一阵子。如果省内没有一个发展得好的地方，人家就直接去省外大城市了。

所以，选择强省会战略，是人口吸收能力弱的地区不得不做的选择。我们看沿海发达地区，省会的首位度就低很多，因为这些省会没有面临太大的外部虹吸压力，反而能从外地吸收人口。人口吸引来了，无论具体落到哪座城市，对省级规划来说都是好事。

福建就是全国城市发展最均衡的省份，福州、厦门、泉州，不会让人感觉到福州特别突出。类似的还有杭州、宁波，江苏省会南京也没有特别突出，不论是GDP还是人口都还不如苏州。广州人口只占广东省的百分之十几，而且还有深圳在附近。

以前凡是强省会，都是内陆省份。我们看郑州、西安、成都、武汉，当初实行强省会的时候，省内觉得不服气，实际上要不是有省会城市撑着，人口和项目直接就被沿海发达地区抽走了。

以前山东经济活跃之际,济南人口在省内只能排第四,是全国首位度最低的省会,现在也有人口外流的压力了,所以在"十四五"规划里,山东也首次明确提出了强省会方向,要把济南建成国家中心城市。所以在残酷的城市竞争中,强省会本质上是一场自救,是让自己留在牌桌上的必然之举。这也是我为什么觉得,太原是时候开始做一些扩张了,因为山西需要一个更大的太原。

(2022.3)

县城的未来

很多在城市工作的年轻人，现在把老家县城当作退路，但是，县城真的还有未来吗？

先说结论，80% 的县城必然会开始衰败，而且现在就可以分辨哪些县城没有未来。

根据中国社科院发布的《中国县域经济发展报告（2020）》，中国 2 844 个县级政府，虽然名字都叫县，但是情况天差地别。中国经济最好的前 100 个县，GDP 总额近 10 万亿元，比整个澳大利亚 GDP 还高，光是把这 100 个县城捆在一起，经济总量就相当于全球第 16 强的国家。

但是，我国最富的昆山市，其经济总量比我国的最穷县，即康保县，要多 165 倍。从这种差距来看，虽然这两个地方都叫县，但其实早已经不是同一类了。这代表的就是县城的两种不同形态。

绝大部分县城属于原始县城，存在的意义是作为城市和农村的连接。作用是把农村的产品卖出去，把农用机械、摩托车、种子、农药等买进来。这种县城本质上服务于农业，只是一个节点，本身完全不产生价值。县里收入高的工作都是体制内的，投资建设也以政府为主，餐饮、装修、购物这些也就是围绕着政府、事业单位和一些小老板，整个经济都是在县城内部打转，县城本身是个服务中心，外向产业极少。

这类县城，会被两个力量消灭。其中一个，是我国农业人口的减少。现代农业不需要太多的劳动力，城镇化即减少农村的农业人口，县城没有了农村的滋养是没有活力的。另一个根本性的改变，是国家的乡村振兴政策。现在，科技发展和交通建设正在打破农村和城市的边界，货物往来可以直接在电商平台处理，购物之后，物流直接从城市仓库送到村里。很多农村在多年前进城需要花一整天在路上，如今可能两小时就到。村里年轻人网上购买的衣服可能和一线城市居民买到的是同样的最新款。未来，农村和城市的时空距离越来越短，这就意味着原始的县城地位会越来越尴尬。

农业人口少了，农村到城市近了，传统县城未来到底要服务谁呢？

现在中国城镇化比例已经达到60%以上，当这个数据达到70%的时候，传统县城就会开始不可避免地衰退，整个衰退过程或许会持续十年，但是我们熟悉的县城，终有一天会完全消失。打算在县城买房的朋友，自住当然可以，但是不建议投资。

而新兴的县城，名字虽然还是叫县城，但实际上已经不再以农业为基础，而是要承接大城市溢出的产业。中国最强的100个县，分布得很有规律。根据社科院《中国县域经济发展报告（2020）》，中国百强县里，首先浙江和江苏两个省就占了一半。前四名全部分布在江苏，其中昆山和江阴两县，GDP甚至超过了山西省会太原和贵州省会贵阳。浙江和江苏的县城，基本上不能再叫作县城。

除此之外,哪些县城有前景呢?

从地理位置上看,有发展前景的县城必须在大的城市群内部。所谓城市群就是把城市连成一片,那么,几个城市连接的地方,未来就会被融合吸收,成为城市的一部分,最明显的代表是广东。广东经济如此发达,但全国百强县仅占一个名额,这就是因为,诸如顺德、南海、三水等强县,早就已划区并县,成为城市群的一部分,这就是县城最好的出路。

中国几个大城市群有长三角、长江中游、中原、山东半岛、呼包(呼和浩特、包头)、淮海、京津冀、海峡西岸城市群等,工业百强县里,96个县都集中在这些城市群里。只有这些地方的县城才有机会收到大城市溢出的机会。小城市连自己发展都有难度,没办法支援周边县城。

有些省份(自治区)一个百强县都没有,如山西、广西、黑龙江、四川、吉林、青海、海南、甘肃、宁夏、西藏等,其中有些是因为地区整体经济不行,有些是个别大城市不错,但是县城经济萧条。

从人口上就能看出来,县城分化会越来越明显。根据恒大研究院的数据,以前是70%县城人口外流,这两年进一步变成了80%县城人口在外流,只有20%在扩大。这种人口变化趋势是不可逆转的,美国、日本等发达国家都经历过一样的过程,即农业人口减少,县城失去了需要服务的对象,开始慢慢消亡。很巧的是,美国有3000个县,我们差不多也是3000个县。最后能够发展的县,都是自己能造血的地方。现在的产业格局已经渐渐固定,如果县城到现在还没有足够的产业,那未来只会越来越难。

想知道县城情况如何,最简单的就是看有没有星巴克。

星巴克咖啡店选择在哪儿开店，会专门请专家来做分析。目前全国有70多个县城有星巴克。星巴克在县城开店的逻辑有两个，一是弱省强县，二是强省弱县。比如安宁市，虽然不是特别富有，但所在的省份是云南，周围没什么竞争，所以还是能吸引产业和人才。而江浙很多小县城也有星巴克，这就是强省弱县。这两类县城都是有希望的地方。不只是星巴克，很多大型房地产开发商也都有专业团队分析城市前景。看他们的钱投到哪儿，大体应该不会错。

很多人选择在县城生活，图个悠闲稳定，但是县城真的还能稳定吗？这份悠闲还能持续几年呢？

县城的安逸是真的，确实没有太多事情要做。但是稳定是真的吗？拿着5000元月薪，整天消磨时间，逆来顺受，这不叫稳定。真正的稳定是靠着自己的能力不断进步，随时可以找到下家。不要再用稳定、舒适来安慰自己了，大部分小县城生活根本就不稳定。

现在很多小县城全靠上级政府拨款，没有了政府拨款，甚至连公务员和教师工资都发不出来，当地根本就没有产业和税收。过去十年，我们国家的主题是扶贫和基建，哪怕一个地方什么产业都发展不好，国家还是给你修路，给你扶贫经费。但是这个情况不可能永远持续下去。去年，国家发改委首次提出收缩型城市概念，让该衰落的地方衰落，把人口进一步集中，扶不起来的阿斗，不会再扶。贫困人群可以外迁，农村人口也在减少，县城没有了服务的对象，那所谓的稳定，还能持续多久呢？

另外，个人财富的积累，跟所在城市是完全绑定的。我们国家居民财产的一半以上是房产，北京、上海的居民是天生就比县城居民更勤劳吗？还是更聪明呢？都不是，大家都是一样的人，但是财产却天差地别，就是因为个人的努力在发展趋势面前微不足道。在小县城待着，本来就没有多少拼搏的机会，加上当地本身发展速度慢，那么个体对抗风险的能力就非常差，所谓的稳定也只是表面的稳定。

海明威说过："年轻时候在巴黎居住过，那么此后无论你到哪里，巴黎都将一直跟着你。"你所有的经历都会成为你自身的一部分。选择在哪座城市，实际上就是选择要度过什么样的人生。

（2021.2）

3

民生篇

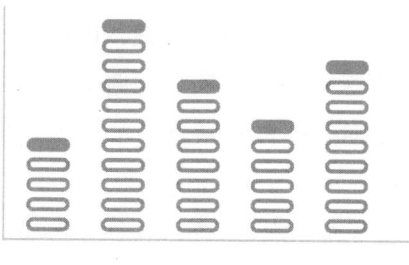

你不知道的欠债真相

最近看到一些人说中国人负债太高，特别是房贷太高，所以没钱消费，影响了经济。还有人说房价下跌的一个原因就是大家已经借了太多钱，城市家庭已经背不动更多的房贷。房价会不会下跌我们本篇不做讨论，但是中国普通人的负债率是否过高，我从几个方面搜集了数据，结论可能跟大家想的不太一样。

首先，中国人一共欠了多少债务？根据中国人民银行的数据，2021年中国的杠杆率是272%，也就是说，现在全国欠的钱，等于我国两年零八个月的GDP，两年多不吃不喝能还上。我们一年GDP是多少呢？一年114万亿元，乘以2.72年，这就是中国的债务总额，约310万亿元。看着是个天文数字，但是这里包含着政府、企业和居民全部欠的钱，其中一大半还是企业贷款。如果只看老百姓欠的钱，实际的比例非常小，等于说中国老百姓的债，加在一起一共欠了64万亿元，平均到每个人就是大约4.5万元。

人均欠款4.5万元，这个数字真的不算多。要知道，发达国家老百姓杠杆率普遍都在80%上下，瑞士、加拿大、澳大利亚等国家都达到110%，就连韩国的杠杆率都有100%，我们的仅仅是62%。

不仅如此，中国在做这一统计时，把个人经营贷款也包含了进去。也就是说，如果你做个小生意，借点钱，这在别的国家都算企业经营贷款，但是我国是算在64万亿元个人贷款里的。这部分钱大概是14万亿元，去掉这个，等于居民贷款只剩下50万亿元，而且这50万亿元里面，又有30万亿元以上是房贷。14亿人口的国家，居民负债才五六十万亿元，总额真的不算大，想想某家地产公司就能欠2万多亿元的债务，等于几个省的居民房贷。

所以我认为，中国居民的杠杆率不高，中国老百姓借钱不算多，而且借钱的还都算靠谱，因为我国的房贷要求首付是30%～70%，最后就算断供，银行拿回来打折卖，也不会有太大损失。中国负债的大头其实还是企业债和地方债，这里不展开细聊。

但是又有人说了，中国人借债虽然额度不大，但是收入相对也低，最后很多债都还不起。其实在我看来，中国人对债务的态度是相当严谨的。有八个字基本是刻在义务教育里的，叫"欠债还钱，天经地义"。

那么中国不还钱的老赖有多少？下面也有数据。

2020年中国的失信被执行人，也就是我们所说的老赖，总数为1 500万人。这个数字看着吓人，其实真不算多，也就大约相当于中国人口的1%，100个人里有男有女、有老有少、有好人有坏人，当然也可能会有老赖。说实话，我觉得这个比例也不能算很高，要知道中国城镇家庭有贷款的比例是56%，一多半的人都借过钱。银行的不良贷款率，只有2%左右。

而且中国人资产负债的比例很健康。全国人民存款是100万亿元出头，每个人平均存款7万多元；存款之外的房产价值300万亿元；再加上股票基金之类的金融资产，总额又有100万亿元，合起来是500万亿。这样算下来，平均到每个人，中国人均资产算上房子、存款差不多是36万元，而人均负债是4.5万元，负债占资产的比例是10%出头，国际平均水平是20%，所以相较之下，中国居民的负债比是比较低的，相对安全。

何况在中国现在也不好借钱。除了房贷以外，老百姓想从银行贷款很困难。另外从2020年开始，P2P全部被清退关闭，民间借贷周转也非常困难。从2020年下半年信贷收紧之后，一度连买房贷款都要排队。

老百姓日常生活是很少想到去找银行借钱的，举个例子，中国学生助学贷款总额是1 307亿元人民币，而美国是1.7万亿美元，也就是大约10万亿元人民币，比我们多了七十几倍。美国人工作到30岁还在还学生贷款，都是很常见的。当然这也是因为中国上大学便宜。

虽然中国老百姓借的钱不算多，但还是有两个让我挺担心的隐患。

第一，年轻人负债率特别高，将近90%的90后都背着负债，而且其中信用卡债比例很高。我印象里美国人特别喜欢刷信用卡，中国人好像都比较保守；而实际情况是，现在从透支的信用卡总额看，中国是美国的1.5倍，很多人就靠着信用卡拆东墙补西墙。另外我们还有各种网贷，这种消费类贷款总额虽然不高，但是给生活带来的压力和房贷是不一样的。买房还贷一般都是有计划的，而且本质是一种投资，但借钱来消费那可是纯纯的白给，一旦还不起，对生活状态影响很大。

第二，隐患就是过去十年中国人借钱的增速是全球第一，每年增长5个百分点，以前中国人不敢借钱，现在胆子都大了起来。我曾经多次说过，所有的经济危机的本质都是债务危机。比如日本居民杠杆率在1990年之前，每年增长3.8个百分点的债务，连涨四年，于是在1990年引发了经济崩盘。美国居民杠杆率在2000年以后每年增加也是4个百分点左右，最终爆发了2008年经济危机。中国现在每年涨将近5个百分点，由于我们的储蓄多，所以暂时还是安全的，但是这个借钱的胆子不能再大了，再大就要出事。

总而言之，中国居民目前的负债是健康的，不论是跟自己比还是跟国外比，都不算危险。但是，不能再扩张了，如果你有长期借贷的习惯，建议你开始慢慢把债务清理清楚。

那么，贷款买房理财，是赚还是亏，这个收益你能算明白吗？

过去的很多年，用闲钱买房理财基本没错，但现在不行了，现在投资之前要先算账。

假设现在有一套120平方米的房子，每平方米2.5万元，总价是300万元。这是一个很标准的二线城市案例，我们来算一算，现在买这套房子能不能赚钱。

如果不用公积金，单纯通过银行商业贷款，首付30%，就是90万元。按5个点左右房贷来算，每月还款13 000多元，这是你从口袋里拿出来的买房钱。

但是资金是有成本的，比如这钱你不买房，用首付90万元去买个5%收益的理财产品，五年后90万元变成114万元；然后每个月13 000多元也去定投5%的理财，五年以后，能攒95万元。从口袋里拿出来的首付加贷款的资金成本，对你来说，就是209万元。

五年以后，如果房子没涨价，你打算原价把房子卖掉，拿回300万元，就得先提前还款把银行的贷款清掉，也就是要先付给银行剩下的175万元。这还没完，买房的印花税、公证费、契税、委托办理手续费，林林总总需要11万元，维修基金2.5万元，五年的物业费5 000元，这加起来又是14万元的开销。

买个房你总共付出的成本，就是209万元资金+175万元贷款+14万元交易费用，总额398万元。如果你现在以300万元卖掉房子，等于五年亏损98万元。当然，如果你选择把房子租出去，中国的平均租售比是2%，300万元的房子一年能拿回6万元，五年一共30万元，可以减少一些损失，但是这就又涉及花钱装修、家电和服务的问题。

等于说，这个300万元的房子，你今天买了，五年后如果它不涨到400万元就算亏。每平方米要从2.5万元涨到3.3万元，涨33%，这是能让你保本的涨幅。我觉得，中国的房价，好一点的地方还能按这个比例去温和上涨，很多地方其实还达不到这个数字。

假如我猜错了，房价又大涨一轮，五年再涨60%，10万元一平方米的房子涨到16万元一平方米，你2.5万元一平方米买的房子，涨到4万元，五年后价值483万元，你也不过赚了84万元而已。

这是贷款比较激进的情况，如果你有公积金，情况就好很多。比如你首付七成，贷款三成，自有资金成本会高一点，因为你拿出来的钱多，但是贷款少一点，数字就变成了自有资金成本是303万元，交易成本和物业费之类不变，还是14万元，五年以后去银行一口气还完剩下的103万元贷款，扣掉30万元租金总成本就是359万元，最后其实赚的也就是一个公积金的钱。

所以很多人说现在房价是黑铁时代，不是因为它涨跌如何，而是由于现在总价这么高，就算每平方米再涨个几千元钱，费用多了不少，但是收益率其实已经不高了，因为基数太大。而且现在房子超过二十年是很难贷款的，超过四十年居住体验很差，所以它到底是不是一个永久资产，也很难说。

买房子之前，记得这么盘算一下，不懂的话再回来看看这篇文章。

（2022.5）

恋爱经济学

本篇用经济学教你谈个恋爱。

对于单身的朋友们来说,每逢七夕,就又得面对朋友圈里秀恩爱的烦人精。但根据经济学理论,你遇不到合适的对象才是正常的,理论上找到对象的概率比找到外星人还低。

人类一直在认真尝试寻找外星人。20 世纪 50 年代,天文学家德雷克提出了一个方程,用来计算我们与外星文明交流的可能性。

这个方程很详细地计算了我们遇到外星人的概率,列举出找到外星人的条件,比如合适的星球、智慧生命诞生的条件、科技发展的速度等。最后得出的结论是,按宽松一点的算法,银河系里也只有 1 万个星球能跟我们交流,人类在银河系中寻找到一个可沟通文明的概率是十亿分之三。

我们找到对象的概率还不如这个呢。

如果沿用同一个思路,模拟一个特别漂亮的女生找到男朋友的可能性。比如,北京人口 3 000 万人,男性比例 55%,25 ~ 35 岁的青年人口占 20% 左右,其中大专及以上学历的只有 30%,

这里面就算单身比例有50%，再考虑到双方互相喜欢的可能性，综合算下来，全北京跟这名女生合适的男性只有2 888人。由于我们接触的人群非常有限，就算每天都去认识新的人，最终能碰到这么一个合适的人的概率也只有十亿分之二，非常遗憾，低于人类在银河系找到外星人的概率。所以找男朋友就属于宇宙级的难题。

因此，理智的做法应该是，在力所能及的范围内，试着找到那个相对优秀的男友。

具体的做法，在经济学上被称为麦穗理论。当年苏格拉底的3个弟子曾求教老师，怎样才能找到理想的伴侣。于是苏格拉底带领弟子们来到一片麦田，让他们每人在麦田中选摘一枝最大的麦穗，但不能走回头路，且只能摘一枝。第一个弟子刚刚走了几步就迫不及待地摘了一枝自认为最大的麦穗，结果发现后面有很多更大的麦穗；第二位一直左顾右盼、东张西望，直到终点才发现，前面最大的麦穗已经错过了，只好随便摘了一枝尺寸一般的。

这就跟选男朋友一样，太早下手容易错过后面的，太晚下手容易错过前面的。

正确的答案，经济学家们早已做出了判断，最佳策略就是用总数的37%作为样本。

假设现在你决定谈30次恋爱，那么前37%就是11次恋爱。也就是说，前11个男友你只能用来体验，而从第12个人开始，凡是遇到比前面好的，就果断把他拿下。前面11次恋爱是你做判断的依据，后面的19次才是真正做选择的时候。

可是也有人说，我根本就不可能谈30次恋爱，我连三次恋爱都没谈过，为什么男人都看不上我呢？

这就是我想说的下一个理论：禀赋效应。这个理论是说，人们对自己所拥有的东西往往会产生错误的高估。这是一种认知偏差，经济学中也叫损失厌恶。这是一种虚幻的自我优越感，一个东西只要你自己拥有，就很容易高估它的价值。

比如你捡到了5元钱，不会觉得有多高兴。但是如果你丢了5元钱，总是会非常懊悔。同样的东西，在拥有之后，你就会高估它。商人们会利用这一点，给你试用或者体验，你拥有之后再让你花钱就会更容易。

每个人都觉得自己拥有的比别人的要好，就比如我一直觉得自己比吴彦祖帅很多，但实际上我们的外貌大概只能五五开。

同样地，幽默感和个性，也会有类似的自我高估。从实验结果可以看出，越无趣的人，自我认知的偏差越大。有趣的灵魂往往带着些谦卑，原来也是有科学道理的。

智商方面的统计也有类似的结果。实验显示，那些智商偏低的人会有许多自以为聪明的错误判断。而真正聪明的人却反而会认为人人都和自己差不多，低估自己的智商。此所谓，大智若愚。

外貌方面的认知也有类似规律，现在你打开前置摄像头，再关掉美颜滤镜，是不是会震惊自己怎么这么难看？然而这才是真相，这才是别人眼里你的样子。毕竟真实世界是没有美颜和PS的。

不过这也没关系，我有几条实用技巧，可以助你在七夕大大提高约会成功率。

首先，心理学领域有一个著名的实验叫恐惧吊桥。说的是人们在感到恐惧、兴奋的时候，会对身边的异性产生更多的好感。当你的身体出现心跳加速和血流加速的时候，大脑会被这些身体上的反应欺骗,产生一种类似爱情的错觉。因为恐惧和兴奋所带来的身体反应跟爱情反应很像,所以大脑会开始偏爱此时你身边的人。电视剧里那些受到惊吓突然扑到男生怀里,然后满脸通红和对方一见钟情的桥段,就是出于这个原理。如果你想约会成功,去做点刺激或者亢奋的事情,会更有机会。

其次,约会时红色着装会显著增加对异性的吸引力,这一现象被称为"红裙效应"。而且不仅是穿着,女生的腮红、口红,都有显著的吸引效果,有助于提升与约会对象的亲密度。香港电影三大经典女神场景:青霞喝酒、淑贞发牌、祖贤更衣,所穿的都是大红色的衣服。这个现象,主要是由于红色是雌性动物交配泛起的皮肤颜色,人类在基因中保留了对红色的美好联想。

最后,是给他温暖。耶鲁大学相关团队有研究,低温会让人对周围环境产生冷漠感,而热饮则可以让人产生亲密感。因此,第一次约会的场所,咖啡馆要优于冷饮店。温度稍高的地方要优于温度低的地方。

所以,根据上面的理论,约会时不一定非要去吃饭,你也可以穿着一身红衣服,然后让你的约会对象端着一杯热咖啡去蹦极,让他心跳加速,把他血压拉高。如果下来还没摔死你,这事基本就妥了,而且又热闹又红火还挺喜庆,让七夕节充满节日氛围。

虽然说了那么多的理论与方法,但公式和数据终究解释不了真正的人生。不过春宵几度,不耽误发家致富。

(2020.8)

加班经济学

本篇的主要内容，是老板们宁愿挨骂也要坚持"996"的三个根本原因，以及作为普通人，我们该怎么办。

假设未来你当了老板或者主管，面对的会是什么呢？

先说钱，有些连加班费都克扣的野鸡公司，本篇先不讨论，就说那些互联网大厂，这些公司工资不低，年终奖和各种福利也都到位。但它们宁愿给加班费，也不愿意多雇点人干同样的活儿。我让公司人事算了笔账。一个员工正常工作 8 小时 ×21.75 天，每月工作 174 小时。而 "996" 工作制每天工作 12 小时 ×26 天，每月工作 312 小时。

工作量上，"996"基本上一个人能顶两个用。

以二线城市为例，招聘两人，每人工资 2 万多元，一共就是 4 万多元，加上 17 200 元的社保，总计 57 200 元。

现在我只雇一个人，每月工资和社保是 28 600 元，再给他双倍加班费 7 356 元，总共 35 956 元。每月 3 万多元，能招到很优秀的人才，而对公司来说每月还能省下 2 万多元。外加招聘、培训、隐性福利，又省一笔。

这就已经很好了。但这才只是表面，再往后算，"996"减少了基层员工，也就变相减少了管理层的人数。比如，一个经理能管10个员工，以前公司100人要10个经理，现在实行"996"，员工人数变成60人，只需要6个经理，经理自己也要"996"，要多管点人，那么原来需要10个经理，现在只需要三四个经理就够了。

经理不但工资高，还有各种补贴和报销，省下来的钱就更多了。加班很多的公司，人力成本有时候能直接压缩一半以上。

当人事把这些数字拿给我的时候，我承认我确实心动了，这比双十一折扣还大，直接全场半价，换了你，你不心动？

然而这也还只是表面。

有很多企业根本不差钱，却也要坚持"996"，单纯地就是为了压缩人数。传统行业宣传自己的时候喜欢说自己员工数量多，显得规模大，家底足。然而管理学里人数规模是一个大坑，人越多效率越低。前阵子互联网行业有个名词叫"两万人陷阱"，比如华为在2001年达到两万人的时候，任正非发表了文章《华为的冬天》。阿里巴巴在2009年到两万人，十八罗汉集体辞职，重新应聘合伙人，还有腾讯、百度，到两万人左右都遇到了增长的门槛。

公司人一多，管理就太难了，稍有不慎就满盘皆输。雷军的小米发展得那么好，以前一直采取扁平化管理，结果这两年也开始机构改革，管理层级加了十几层。所以"996"减少员工总数，有时候不是因为钱，而单纯是因为人多了太难管。

但是你以为这就完了吗？"996"对公司来说还有更大的优势，哪怕一分钱成本都不降低，哪怕甚至要让企业多花钱，也会有老板强制"996"。而且这样的情况未来会越来越多，因为它本质不是钱的事，而是产业变革的必然趋势。

以前中国发展低端制造业，生产衬衫、袜子和零件，产量很好计算。这种工作不需要强迫"996"，它是计件工资，你不愿意工作有的是人替你，反正工厂是按产量发钱，只要机器不停，根本不管工人是谁。有时候你想加班还要去讨好排班的领导。

但是脑力工作不一样，制造业是人和机器的协同，脑力工作是人和人协同，人和人协同是很低效的，人和人之间的信息是会粘住的。

比如一个报表、一份材料、一个代码，如果做到一半想交接给同事，光是把前因后果说明白就能用半天时间，有时候还不如自己一口气做完。

一个人干两个月的工作，在传统行业，你可以让两个人花一个月干完。但是在新兴行业就不行。它的生产本身不是标准化的，没办法拆分得很清楚，所以管理学里把这个叫"人月神话"，不光没法拆分，甚至有时候人越多干得越慢。

有的公司没完没了地开会、加班，他们难道不知道这样效率低吗？他没有办法，人越多，信息越慢，协作效率越低，最后出来的东西质量也不高。

所以企业宁可发超额工资，给毕业生开高年薪，也不愿意多招人来干活。

更重要的是，"996"是一种筛选。高工资、高强度，筛选出的都是愿意拼命干活的员工。进入大企业去"996"的门槛不低，能进去的都是精英，难道他们不清楚干活辛苦？但他们大部分天然就是A型人格[①]，凡事都要争个高下。当学生的时候考试要考第一，

---

① 具有进取心、侵略性、自信心、成就感，并且容易紧张的人格。

玩个游戏也要争第一，工作了也一样想着干到最好，甚至有人就拿工作当爱好。

换你是老板，面试的时候人人都告诉你会吃苦耐劳、态度端正，但真的想知道谁干活拼命，只能通过高压筛选。

但是，即使"996"有这么多优势，我还是选择给员工双休。首先我也是A型人格，我就喜欢赢，如果我强制大家"996"，说明我管理水平不行，等于我认输了。除此之外，还有几个原因，希望企业老板们都看看。

所谓的管理，就是通过鼓励、惩罚、奖励等办法让大家好好工作。强制加班是最初级的管理手段，非常简单，一条规定就能搞定，把老板换成一条狗也能做到，根本不考验水平。

但是让人真的热爱他的工作，真的对公司前景感到认可，进而自愿投入更多精力和时间，这就很难了。特别是人坐在办公桌前，为他的工作付出多少努力，是很难衡量的。他不想工作的时候，你让他坐在那儿，也没有意义。

有些老板自己焦虑，却又找不到破解的办法，不懂管理，只能用强制延长时间的笨办法折腾员工。一个公司被逼到强制加班考勤的地步，员工肯定有无数种方式偷懒，逃避工作。而且这些宁可忍着被你折腾，也不出去找其他机会的人，可能本身能力也不行，这是你想要的员工吗？

有些企业不强制"996"，大家也愿意拼命，无非就是做的事情有意义，拼命干活有奔头。这些考验的都是老板的管理水平。

在互联网行业的黄金时代，拼几年就能实现财务自由的故事每天都在发生。现在经济增速放缓，暴富的机会变少，但真正的好企业也更容易被看到。我不规定员工的工作时长，但是我会自己多想想办法，给大家提供一个不那么多见的机会。

现在全网对"996"的工作环境有很深的偏见。其实大家内心也都知道真正的原因，能开出高薪又能学到东西的地方还是太少。我身边"996"的朋友，嘴上喊着累，外面有舒服但工资低的工作却又不想去。社会的真相就是这样，只要有一天大家还羡慕那些"996"的地方，它可能就不会消失。

（2021.1）

涨工资是有窍门的

涨工资是有窍门的，这个事让领工资的人教你，是教不明白的。但是发工资的人他不会跟你说这些，这篇内容我犹豫了挺久要不要写，但既然我的初衷是为了保护大家的利益，还是跟大家分享几个你肯定被洗脑过的职场骗局，以及升职加薪的捷径。

首先，给大家破除一个迷信——高收入主要是靠勤劳。其实根本不是这样，勤劳并不是决定成败的主要因素。为什么社会特别爱强调勤劳致富？是因为你的认知是由两种人塑造的，一种是老师和家长，另一种是成功人士。老师和家长大多数自己就没有找到财富密码，他们更相信勤奋致富。

其实，国家的发展规划、行业的成长速度、公司的战略走向，都比你的个人因素重要。就算是在个人因素里，你的思路、选择、策略甚至运气又都比努力重要。赚多少钱，并不取决于你的辛苦程度，同样的工作强度，互联网行业就是比传统行业赚得多。现在谁不辛苦，农民不辛苦吗？送外卖的小哥不辛苦吗？

我自己做传统行业，也做自媒体，我的员工有的拿5万元，也有的拿3 000元。他们的工资，跟工作的辛苦程度无关。在私企，没有功劳就没有苦劳。

好处是有能力的人不会怀才不遇，我再讨厌你，你能为公司创造效益，我也不会跟钱过不去。人才能在这类企业中创造出最大的收益。但这样的坏处是，这对大多数人有点残酷，普通人之所以叫作普通人，就是因为他们普通：能力普通、背景普通、欲望普通，很容易被替代。这一点，年轻人现在也琢磨过来了。2021年，北大毕业生去做公务员、进入国企和部队的，加起来77%，也就是超过四分之三的北大毕业生进了体制。

因为体制内底线比较高，而且工资高低跟能力强弱并不完全对等。既然工资不完全取决于勤劳和能力，什么才是大企业里加薪的秘诀呢？

你的工作里肯定有一个人可以决定你的前途。他一般不是你的直接上级，直接上级只能让你难受，但没有权力给你升迁。有资格提拔你的，至少是你上级的上级。他就是你的核心决策人，你现在在脑子里确认一下这个人是谁，然后记住，你工作干得好不好不重要，他觉得你干得好才重要。

要想加薪，你自己要厉害，要让别人觉得你厉害，但最重要的是，觉得你厉害的人他自己必须厉害。哪怕全公司只有他一个人喜欢你，那就够了。

这就是两级管理法则，你的同级和你的上级，对你职业生涯的影响很小，上上级才是唯一的关键。过多地沉浸在日常事务中是没用的，工作干得再火热，升职加薪的时候轮不到你，然后你还一脸迷茫地不知道为什么。其实就是你被游戏规则牵着走，任何公司和机构在设计规则的时候，都是为了让人在自己的岗位上好好干，别瞎想，一级一级地去汇报，这样对于公司来说是最方便的。但是对你个人并不是，个人一定要突破这个管理规则，你想往上走，傻干没有用，必须让游戏规则为你所用。

这不是说要趋炎附势，或者低三下四地讨好大领导。确实也有些人靠谄媚被提拔了，但是效率是很低的，领导也都当过员工，基层那点花样他心里都很清楚。光靠献媚，是很难舔出花的。领导平时不缺笑脸相迎的人，但是他们普遍都很孤独，有时候也会迷茫。每天他都要对内保持权威和坚定，对外思考战略和他自己的前途。

所以，领导也需要同路人。这不是说要去跟领导交朋友，你别犯傻，我的建议是去成为他某个状态下的同路人。具体的办法，就是关心他所关心的东西。有人能替他思考是很温暖的。特别是一个下级，总是能够站在他的立场去考虑问题，是一件很舒心的事情，他就会下意识地想多跟你聊聊，并且把重要的任务交给你，这就叫心腹。

要想领导为你考虑，首先你要为他考虑，你把他当成工作的一部分，他当然就会把你当成工作的一部分，人都是相互的。正常人只想着把任务完成，但心腹就能理解，这项任务是某个更大任务的一个部分、一个环节，这个更大的任务是什么，我能为这个更大的任务做什么。

这样说起来容易，实际上由于个人能获知的信息非常有限，你很难看到战场的全局。但是没关系，你哪怕什么也做不了，只是把你的观察和分析提出来，就已经成了领导的同路人，他自然就会开始为你考虑。我建议你大胆地去做战略性的汇报，提供你的思考。就算领导真的懒得理你，你长期这样思考；实际上也是在练习怎么当领导，而且还是用公共资源试错，稳赚不亏。但是这样工作，操两份心，会比较累，成长总是有代价的，这样的生活，你认为值得吗？

077

什么叫人才？要么你足够快，能够跟得上时代的变化，始终站在受追捧的行业里。比如，程序员不断学习新技术，在热门的技术领域，公司招人不计成本，工资都好商量。要么你足够稳，耐得住寂寞，把一个事情琢磨清楚，静待风口的降临。像中国这样的大国，只要你能把一件事情做到极致，就一定会值钱。

如果上面两种都做不到，还有一种特殊情况，就是在一个很大的公司里成为最了解流程的人。你可以对外面的世界一无所知，但是在内部要成为百科全书，成为跨部门沟通的交接点，成为复杂关系的协调者，让自己变得不易被替代。拿高薪的人，都是最不易被替代的人，成为这样的人，不太容易。

网上有鸡汤宣扬，自律和意志力能帮你改变。这就不够客观、真实了，跟勤劳致富的偏见是一样的。真正长久稳定的成长，绝对不是靠意志力就能完成的。所谓的自律根本是一个骗局，非常反人性。意志力和体力一样，有上限，不是人人平等的。有的人意志力弱，就像有人天生体力弱，这不是什么羞耻的事情。你不能强迫自己做讨厌的事，就像你不能强迫自己无休止地跑步，体能就不允许。忍不住玩手机没什么羞愧的，不要去拿自己的弱点跟别人的强项比，这个时代，决定你高度的不是你的短板，而是你的长板。

你的意志力不行，那就趁早换思路，不要再勉强做不喜欢的事，赶紧找一个给你带来正反馈，恰好又有可能赚钱的事。正反馈就是你做的时候有点小开心，本质上这是对爱好的一种改造，把一些轻度的爱好，把那些你不讨厌的事情跟赚钱联系起来，然后长期、持续地去做，这可能是年轻人最有可能成功的方式。纯靠一时热血就想改变，是不现实的，健身卡办完了能去几次？买了学习资料，三页都看不完吧？不要紧，既然这么讨厌，就别去了，去干你喜欢干的事，坚持干，干得比别人都好，也能够成功。

成功的人都不跟自己过不去，你看那些工作时苦大仇深的，哪有能成功的？那都是励志鸡汤小故事。哪有人天天跟自己玩命，最后顺便战胜全世界的？一定要跟自己和解，然后一起去对抗世界，这是成功的唯一办法。

（2020.12）

当代"社畜"想辞职？你辞得起吗

最近搜集调研数据时，我在网上看到了一张图，拿给身边的同事看了后，大家都特别感同身受，一个个像是打开了话匣子，纷纷向我吐露"社畜"的职场辛酸史（见图3-1）。

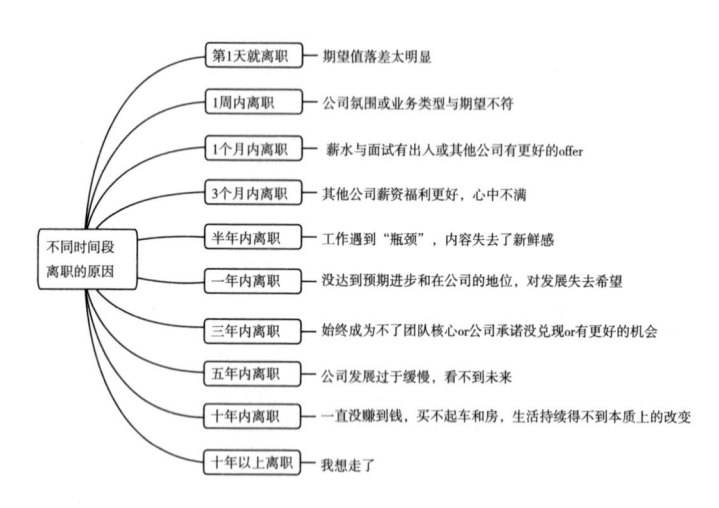

```
                   ┌─ 第1天就离职 ── 期望值落差太明显
                   ├─ 1周内离职 ── 公司氛围或业务类型与期望不符
                   ├─ 1个月内离职 ── 薪水与面试有出入或其他公司有更好的offer
                   ├─ 3个月内离职 ── 其他公司薪资福利更好，心中不满
  不同时间段        ├─ 半年内离职 ── 工作遇到"瓶颈"，内容失去了新鲜感
  离职的原因 ──────┤
                   ├─ 一年内离职 ── 没达到预期进步和在公司的地位，对发展失去希望
                   ├─ 三年内离职 ── 始终成为不了团队核心or公司承诺没兑现or有更好的机会
                   ├─ 五年内离职 ── 公司发展过于缓慢，看不到未来
                   ├─ 十年内离职 ── 一直没赚到钱，买不起车和房，生活持续得不到本质上的改变
                   └─ 十年以上离职 ── 我想走了
```

图3-1　不同时间段离职的原因（1）

想裸辞的心情我很能理解。压力大,收入有限,上司的水平也就普普通通,却能对自己呼三喝四。以前大家都在聊财务自由,现在梦醒时分,财务自由是没什么指望了,可至少还想追求一个随时放弃的自由,想不干的时候,可以随时掀桌子不干。这也就是"裸辞自由",但是,做到这点并不容易。

在脉脉和西瓜视频联合发布的《2020职场人裸辞现状调研报告》中显示:

钱是阻挡裸辞脚步的第一大阻碍,六成职场人表示存款超过10万元才敢裸辞。果然,"有钱任性"适用于任何领域,钱才是裸辞最大的底气(见表3-1)。

表3-1 存款达到多少时,你才有裸辞的底气?[单选题]

选项	小计	比例
无所谓,我自带底气	106	25.92%
不少于5 000元	11	2.69%
不少于2万元	46	11.25%
不少于10万元	113	27.63%
不少于100万元	133	32.52%
本题有效填写人次	409	

但是据报告显示,自带"裸辞底气"比例的人群只有两个,一个是进入职场少于一年,另一个是进入职场超过十年。所以谁说中年人可以随便骂?他们裸辞起来比90后们果断多了。

越年轻,越不担心钱;越长大,越不担心找工作。挣得越多越不敢裸辞,但是达到一个程度,又不在乎钱了(见图3-2、图3-3)。

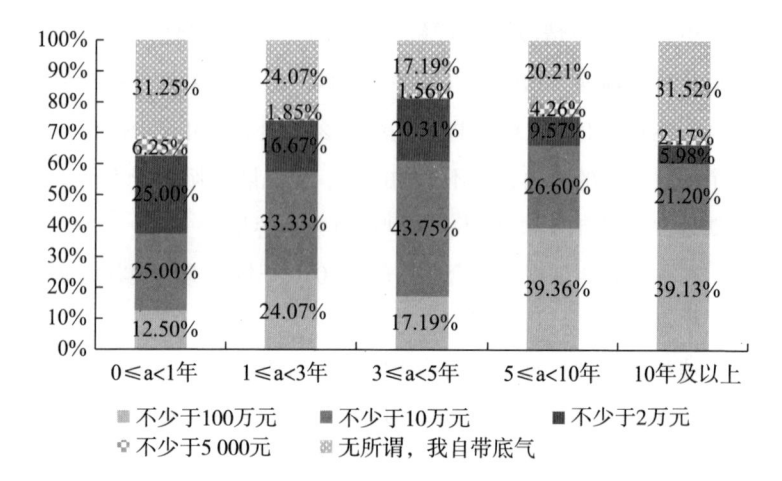

图3-2 裸辞与存款数的关系

这也就相当于:

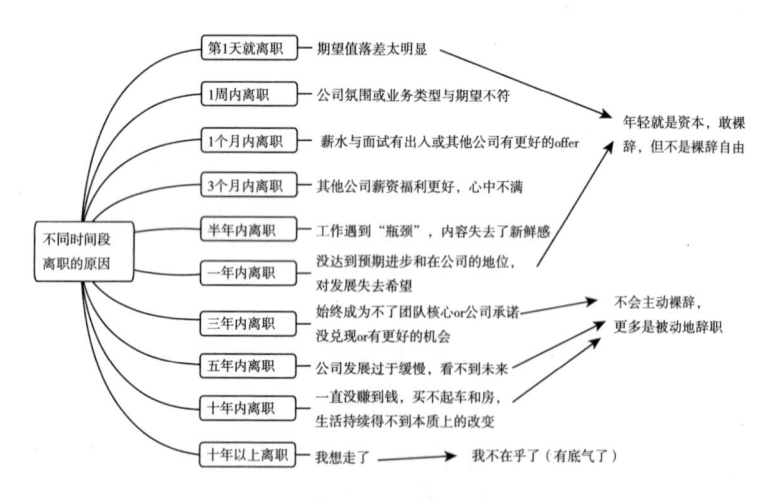

图3-3 不同时间段离职的原因（2）

虽然结果两极，但都是裸辞。

年轻的朋友们，对于你来说，裸辞是真裸辞，而工作了十年的职场人，才是"裸辞自由"。

所以，最近但凡有人问我要不要裸辞，我都会反问，你能接受自己失业多久呢？要想裸辞，至少要准备六个月的生活费。一线城市裸辞，房租两三千元，吃饭交通一两千元，每个月自己交社保和公积金2 000元左右，杂项开销就算1 000元。不算任何计划外开支，仅仅是裸辞休息在家，三个月就要2万多元。而眼下，你真的有信心在三个月内找到一份新工作吗？

在经济学里，有一个信号理论，是说人的每一个行为都在向外界释放信号。而你裸辞和积极找工作的行为，在招聘单位看来，会觉得你是不是有什么缺陷或者至少你不是很安稳。

在招聘时，人事部门总是更喜欢被动型人才。也就是那些被企业藏着掖着、好好供着的人，他们一般都很被动，都没有什么强烈的求职欲望。而失业之后，不愿意放弃任何机会的你，看起来就饥不择食，用人单位心里会嘀咕，你是不是能力不行，被开除了，或者难以相处，所以才失业。

种种压力汇聚起来，会让你在求职谈判中提前失去谈判的资格。在你有工作时，别的企业想吸引你跳槽，一般都要涨薪20%来吸引你。而你也有底气慢慢挑选，试了一家不行，还能再看其他的。

可是你一旦裸辞，就没有了从容的砝码，就失去了议价的资格。第一家不行，第二家不行，第三家让你便宜点，你能忍得住不自降身价吗？按博弈论来看，在这么被动的环境里，你就像超市里任人挑选的剩菜，很难标个高价。

作为85后、90后，上学时是中国发展最快的时代，等大家工作了，经济的爆炸式增长却停止了。一入职场，经济放缓也就罢了，轮到讨论买房的时候，房价还高得离谱。这就让人有点难以应付。

老一辈用当年的奋斗经历教育你，可是他们那个年代，经济增长足以支撑每一个普通年轻人的梦想。倒卖货物能发财，盖房子投资基建能发财，办工厂能发财，做互联网更能发财。财富的神话每时每刻都在发生。

现代的年轻人想通过炒股和理财来一夜暴富。其实所有这些创收的副业，都需要一个平和的心态作为基础，如果靠它们吃饭，必然造成动作变形、得不偿失。简单算算，你手上如果有20万元本钱去理财，放到理财产品里一年收5%，能拿1万元的利息，炒股炒期货，运气好一年赚10%，那就是两万元的收益。

所以不要把"财商"简单粗暴地理解为炒股、理财、投资。

财商（Financial Quotient）是指一个人在财务方面的智力和能力，财商包括两方面的能力：一是正确认识金钱及金钱规律的能力；二是正确应用金钱及金钱规律的能力，是科学地管理自己的金钱，并享受努力的成果。

最后关于裸辞这件事，没有对错，只是裸辞之前，得问自己很多问题，才知道当下的自己适不适合。

比如，是否有足够底气去承担这个决定背后的风险？要裸辞去创业的话，如果时机没成熟还是缓缓吧，每天怀揣着梦想烧钱的日子可不好受。

比如，想裸辞的真正原因是什么？如果是想通过裸辞来逃避工作上的问题，那么就算换了份工作，问题还是会找上门的。

总之，就是莫贪裸辞一时爽，毕竟"裸辞一时爽，辞后火葬场"。最后，祝大家都有一份喜爱的工作，在和工作谈恋爱的同时，顺便早日暴富，早日安心退隐江湖。

（2020.9）

4

地产篇

房价可以预测吗

房地产是中国经济绕不过的话题，很多朋友问我，现在这个经济形势，到底还要不要买房子？

其实我国已经很明确地表达了稳定房价的政策和意志，房价的趋势已经非常明显。根据官方数据，我国地方财政收入有52.9%，即超过一半，来自卖地以及与房产相关的五大税。

所有的修路、扶贫、新区建设，多半是靠着卖地的收入来支撑，中国老百姓大部分的财富也都在房子里。未来几年，一线城市，二、三线城市和小城，县城，将会有截然不同的房价走势，这个预测是学术界的共识，所以内容信息量会很大。

我们来分别看一下这三个问题。

第一：一线城市房价稳中微调。

关于一线城市的房子我只有一个字建议：买。

北上广近两年房价虽然都有回调，但这些回调都是出于限购政策的控制，并不是说大家觉得一线房子没有吸引力。限购限售，就是让想买的人买不了，这样才能稍微降低一些价格。

但随着近两年实体经济下行，大量生产资金开始寻找退路。

环顾所有投资方向，最稳定、最可靠的就是一线城市的房子，几乎是跟黄金一样的硬通货。前些年实体经济还赚钱的时候，办厂开饭店还能发财，大家的钱还有很多可以投资的地方，连余额宝的收益都比现在高很多。现在，你问问周围做实体的老板们，如果手里攒了点钱，是愿意继续扩大生产，还是想去买个房子呢？工厂关得越多，房价就越涨。

所以，一线城市的房子跟当地工资已经没关系了，它已经成了中文里的一种新财富符号。

举个其他地方的例子，厦门平均工资比省会福州差了很多，但是厦门岛内房价却已经到了每平方米7万元。这是全福建老板一起努力的结果，在厦门买套房，是福建老板们一种统一的财富符号，跟当地的上班族没什么关系。

同样的道理，北上广深的房价，是全中国的老板一起努力的结果。要我说，如果现在开放限购，一线城市房价很轻松就能再翻1倍。很多当地工作的人听到这话可能会不太高兴，但是这就是忠言逆耳。

有个段子说中国败家行为排行第一的是卖房炒股，排第二的是卖房创业，吸毒只排在第三位。而致富排行榜则简单得多，前三名分别是北京买房、上海买房和深圳买房。

不论是刚需还是投资，一线房产该买就买，不会吃亏。这里大家千万不要心存侥幸，期待一线房价会大跌。实际上在一线城市上下班错峰，买房也会错峰，具体来讲就是有的人这辈子能买房，有的人可能得等到下辈子。所以如果你真的需要，建议还是这辈子就想办法买了。任何专家，如果告诉你一线城市房价会大跌，都是为了迎合观众，千万不要相信。不过，深圳2021年的房价上涨，被政策及时制止了，可以看得出，房住不炒确实已经很严格地在执行了。

第二，小城和县城泡沫会破。

再说小城市。中国房地产有泡沫，这是官方认可的，前面提到，一线城市的房价还是挺扎实的，那么泡沫在哪里呢？就在小城和县城里。

根据中国社科院最新的《中国住房发展报告》，2028年人口将迎来拐点，房地产总体需求将有所降低。

小城和县城的房子是消耗品，购买的主力是周边乡镇的农村人口，以及外出打工的农民工返乡买房。近二十年，我们城镇化已经从20%发展到了60%以上，有能力买房的农民大多已经买过了。现在农村的老龄人口比例大，村里已经没有多少年轻人。这就导致农村不会再有更多的年轻人去补充县城人口，而县城的年轻人又往大城市迁徙，所以县城的刚需就会下降。再加上县城的土地供应量相对充足，房子不存在紧缺，本地人该买房的都已经买了，外地投资也不会到小县城来。

如果你幻想说房价低了会有人抄底，那是不可能的，你会因为当地有工作、有好的医疗、有好的学校去买房，唯独不可能只是因为便宜去买房，农村或者郊区又便宜又大的房子多了，你会去买吗？这就叫买涨不买跌。

根据《中国百城库存报告》，2020年5月以来，四、五线城市库存面积每周增长1%，卖房周期长达24个月。这就说明小城市卖房越来越难，我想很快就会有开发商顶不住资金压力开始降价。所以小城和县城的房价也很明朗，就是会降，除非你现在刚需，不然不用着急下手。

第三，二、三线城市的两极分化。

最值得一聊的是二、三线城市的房价。今后几年，二、三线城市会涌现出几座明星城市，如果你是投资买房，这些地方可能是你最后的机会。

像杭州、南京、成都、宁波这种欣欣向荣的二线城市，房价的趋势非常明显，只要政策一放宽就有很大的上涨空间。原因也很直接，这些地方的房价事关金融安全。如果二、三线城市房价下跌超过三成，就会出现银行抵押资产的缩水，因为大家买房的首付是30%，而银行贷款是70%，一旦房价下跌超过三成，押在银行手上的抵押物就抵不上它借出去的房贷了。

银行资产自己缩水，就不得不减少对外放贷，开始对企业抽贷，企业本来已经过得很难，各个行业的资金链都很紧张，如果贷款一断，事业就会出大问题。很多企业会裁员降薪，接着白领失业，进一步降低房价和贷款。这样一来，实体和房价会出现负反馈，进入恶性循环的旋涡。这就叫作系统性金融风险，国家绝对不会允许这样的事情发生。政府在财政和货币政策里设计了很多重防火墙来阻止这种事发生。

所以，作为中流砥柱的二、三线城市房价，早已经不是一个简单的居住问题，它事关金融安全，你就别嫌贵了，这些房价肯定不会大跌，赶紧挑一挑哪里的房子有潜质吧。

那么，怎么看哪些地方会涨呢？想靠买房投机致富的情况，我们不考虑，就说普通人买房子自住或改善居住条件，有三个数据，长期来看，可以帮你做决策。

第一个，限购越严格的地区潜力越大。我很奇怪，这么明显的一个规律居然很少有人提到。限购限贷，就是人为干预和压制房价，反过来看就是当地房价还有很大空间。就好像一群人一起爬山，爬得太快就给你背上压几包沙袋，这样大家还能一起有说有笑地共同前进。如果你想知道这群人里谁能爬得最快、爬得最高，那么很明显，身上沙袋多的就是最有潜力的。

未来如果房价开始下跌，这些地方只要把限制政策慢慢放开，有的是办法维持增长。比如2021年六七月份，深圳、杭州、东莞、南京、宁波这些房价飞涨的地方，马上就被限制起来。这些地方的房子买到就是赚到，基本可以闭着眼睛买，不会吃亏。

第二个数据是人口净流入。这个数据讨论的人就很多了，人在哪儿钱就在哪儿，房子就会涨。比如2015～2018年，深圳常住人口增量200万人，为这一轮房价上涨奠定了基础。中国未来城市间的虹吸效应会越来越明显，强者越强，弱者越弱。大的人口趋势是由北向南、由西向东迁徙。

2019年，人口净流入的十大城市，房价都显示出了很好的前景，价格稳中看涨。

杭州（净流入55.4万人）、深圳（净流入41.22万人）、广州（净流入40.15万人）、宁波（净流入34万人）、佛山（净流入25.29万人）、成都（净流入25.1万人）、长沙（净流入23.98万人）、重庆（净流入22.53万人）、郑州（净流入21.6万人）和西安（净流入19.98万人）。

而反过来看，像梅州、连江、汕头、江门等人口净流出的城市，目前商品住宅消化周期均在30个月以上，房子不太好卖，这也符合我们的判断。

在中西部省份，只有省会等少数城市是人口净流入的，大多数小城人口都在流出。比如江西、山西、河南、湖北、陕西、甘肃等地，基本上都只有1～2个城市人口在净流入，其余城市人口均在净流出。想知道自己所在城市的房价前景如何，看看人口流向就知道了。

第三个关键指标，很少有人关注，那就是小学生在校人数。

小学生多的地方，意味着壮年安家置业的人口很多，也意味着城市有朝气、有未来、有前景。

从绝对数量上来看，小学都在向中心城市集中。全国小学生在校人数，超过90万人大关的有重庆、广州、深圳、成都、徐州、郑州、北京7个城市。相对应地，这个榜单里的二线城市重庆、郑州、成都等在2019年商品住宅的销售面积也是全国最大的，都达到了2 000万平方米以上。

从增速上来说，西安小学生数量增长最快，每年上涨10%，其次是长沙、武汉、南京等二线城市。这几个上榜城市房子价格都有上涨趋势，而且这些地方主要是风险低，因为二十年后这些儿童到了买房的年纪，就能够支持房价不跌。东北地区和西部地区的小学生数量不断降低，特别是黑龙江、辽宁、甘肃、内蒙古等地比较明显。

这里有个特殊的案例是东莞。东莞的常住人口只有上海的三分之一，但是它的小学生数量却高于上海，所以我们看到近几年东莞的房价涨势喜人，而且在可见的将来，它都会是一个很有朝气的城市。

总结一下，未来几年，中国的房价整体将以稳为主，而不再是一股脑地全面上涨。但是，房地产也绝不会大降价，我们的地方财政收入一大半来自房地产，老百姓70%的资产是房地产，谁也没有胆子动摇这个根本，这是由最基本的经济逻辑来决定的。

有了这个整体的判断，我们只需要记住一个顺口溜：

一看限购严不严，限购越多越赚钱。
二看人口净流入，人少房价没出路。
未来房价升不升，数数当地小学生。

（2020.10）

天津 VS 深圳，房价上涨和下跌背后的逻辑

本篇将对比深圳和天津两座城市的房价，告诉你一些买房背后的基本逻辑。

选择这两个城市作为案例，是因为深圳五年来房价翻倍，而天津 2021 年的房价已经跌回了五年前的水平。

天津房价的下跌让我意外，因为从居住角度看，天津是个很宜居的地方。基础设施堪比一线，高考难度全国最低，考上"985"比在北京还容易。外地那些抢破头的学区房，跟天津的录取率比起来都不是事，医疗和交通建设都很好，到北京只需要半个小时，但就这样一座城市，眼下的住宅库存面积居然多达 3 600 万平方米，是所有一、二线城市里库存最高且唯一超过 3 000 万平方米的城市，房子多到卖不掉，其他城市新房销售十几个月就算久的，天津卖房需要将近三年，销售速度全国倒数第二，仅高于大连。

看一下下面的表格里（见表 4–1），2020 年上半年，天津是唯一地价大跌的主要城市。算是响应了房住不炒的要求。

表4-1 典型二线城市2020年上半年土地成交均价较前四年变化情况

城市	近四年地价变化情况	上半年楼面价格	同比2019年（%）	同比2018年（%）	同比2017年（%）	同比2016年（%）
武汉	地价破2016年以来新高	6 892	4	20	12	9
沈阳		3 981	99	181	102	411
郑州		2 890	4	24	44	16
长春		2 765	16	17	95	67
石家庄		2 674	21	57	125	91
昆明		2 436	57	168	109	108
太原		2 374	50	3	71	26
厦门	地价回温，但尚未达最高点	19 074	0	6	2	−26
杭州		12 876	3	−5	2	3
福州		10 130	19	18	10	−8
南京		9 785	5	34	24	−11
宁波		6 606	20	47	21	−7
济南		3 826	0	26	−17	25
长沙		2 790	28	17	92	−40
苏州	地价趋于稳定	8 786	−8	14	−3	−2
合肥		6 226	−4	27	6	−20
成都		4 801	−2	26	−3	55
南昌		3 210	−3	6	−4	22
重庆	前两年地价快速上涨，近期地价回调	3 907	−8	33	43	112
西安		3 121	−15	52	11	93
青岛		2 902	−7	16	27	108
南宁		2 653	−26	40	54	46
天津	地价持续回调	7 596	−32	−14	−43	−27

2019年，天津的地方财政收入有六成来自房地产，GDP里有五分之一来自房地产，排在全国第二。所以，房价下跌对地方政府收入影响很大。土地价格下降，为了维持收入，就得多卖地，2019年，天津出让土地面积在主要城市里排第一（见表4-2、表4-3）。

表4-2 2019年各主要城市土地出让情况

城市	宗数（宗）		用地面积（万平方米）		楼面价格（元/平方米）	
	推出	成交	推出	成交	推出	成交
北京	95	93	553	464	16 362	19 054
上海	323	307	1 451	1 348	7 686	7 919
广州	252	219	1 412	1 297	4 739	4 510
深圳	56	48	207	183	9 157	10 091
杭州	568	549	1 710	1 648	6 109	6 686
天津	437	387	2 711	2 348	4 271	4 061
南京	366	361	1 621	1 556	4 659	5 341
武汉	380	328	2 322	994	3 859	4 025
重庆	253	229	1 691	1 548	3 651	4 089
成都	332	284	1 756	1 528	2 498	2 947

表4-3 2019年各主要城市住宅用地出让情况

城市	总计用地						住宅用地					
	宗数（宗）		用地面积（万平方米）		楼面价格（元/平方米）		宗数（宗）		用地面积（万平方米）		楼面价格（元/平方米）	
	推出	成交	推出	成交	推出	成交	推出	成交	推出	成交	推出	成交
北京	95	83	553	464	16 362	19 054	55	50	370	326	21 445	23 292
上海	323	307	1 451	1 348	7 686	7 919	180	172	830	762	10 690	10 987
广州	252	19	1 412	1 297	4 739	4 510	71	55	455	377	12 015	12 642
深圳	56	48	207	183	9 157	10 091	14	11	45	31	20 425	29 751

（续表）

城市	总计用地					住宅用地				
	宗数（宗）		用地面积（万平方米）		楼面价格（元/平方米）		宗数（宗）		用地面积（万平方米）		楼面价格（元/平方米）	
	推出	成交	推出	成交	推出	成交	推出	成交	推出	成交
杭州	568	549	1 710	1 648	6 109	6 686	155	138	763	676	12 147	14 228
天津	437	387	2 711	2 348	4 271	4 061	192	155	1 459	1 102	6 561	6 859
南京	366	361	1 621	1 556	4 659	4 341	119	116	684	657	9 423	10 858
武汉	380	328	2 322	994	3 859	4 025	156	130	1 174	971	5 457	5 845
重庆	253	229	1 691	1 548	3 651	4 089	124	110	889	771	5 755	6 825
成都	332	284	1 756	1 528	2 498	2 947	122	104	716	645	5 806	6 632

而且其中大部分出让的土地都是住宅用地，住宅总面积1 459万平方米，这也就是说，接下来的几年，天津在现有库存的基础上，还会有一大批新楼盘上市，不着急的话买房可以再等一等。那么深圳出让了多少住宅土地呢？45万平方米，连天津的零头都不到，而且2021年还会继续减少。

看到这里，我们似乎得到一个结论，深圳地少，天津地多，土地供应决定房价。但是，深圳真的地少吗？2021年一季度，深圳写字楼空置率高达24.6%，前海写字楼空置率更是达到66%，三分之二的办公室空着租不出去，商业用地严重过剩。就这样，深圳还在全力建设办公场所，未来五年将新增507万平方米，明摆着要把写字楼当成白菜价，现在光鲜亮丽的写字楼租金比隔壁老破小区还便宜。

新的住宅一上市就卖光，价格不断上涨，商用写字楼则无限量供应。这就是深圳模式。

这个模式，就是根本没打算让普通人住在深圳。深圳建市已经四十年了，而居民平均年龄只有33岁。

那么，这种模式到底会怎么影响普通人的生活呢？

大家都说深圳房价高，但当地的财政收入根本不靠房地产，所以房价高并不是图那点卖房的钱，而是根本就没想让你买。

对于城市来说，人才越多越好，但不代表人口越多越好。养老、教育都是花钱而不挣钱，深圳那么富，可是并没有什么名牌大学，也没有顶尖的医院，教育和医疗还比不上天津。深圳的资源都投放到哪里了呢？

你们可能不知道深圳对企业有多大方，就2021年，深圳一次招商了100多个项目，包括西门子深圳中心、小米国际总部、字节跳动大湾区总部、复星科学城等。为了吸引这些大企业，深圳一下拿出了30平方千米的土地。这是什么概念呢？上海面积比深圳大两倍多，整个"十三五"期间上海产业用地一共也不到30平方千米。深圳给腾讯盖新总部的土地，算下来1平方米才4 000元，而附近的住宅楼面地价是每平方米7.2万元。

这说明，深圳的土地根本不是用来卖钱的，而是用来给企业做人情的。房价低了，这人情也就不值钱了。土地都拿去办企业，住宅就会减少。过去十年，深圳住宅用地总面积只有431.5万平方米，在全国103个城市中倒数第四，不到北京的十分之一、上海的二十分之一。

2021年8月，一个月时间，国家连续召开了3场高规格房地产会议，反复强调房住不炒，控制房价暴涨，深圳次次都被抓去参会。

其实深圳也挺冤的，它跟其他城市不一样，深圳看重的不是卖地那点小钱。它把有限的土地都拿去先给了企业，用低价的总部大楼和白给的写字楼，把大小企业的总部吸引过去，企业用地便宜，就能高薪聘用人才。企业多了，人才多了，事业发展起来了，税就缴得多了，卖地的那点钱跟腾讯、华为、平安、招商、万科这些企业的纳税比起来，不过是零碎银子。这就是为什么深圳普通商品房很少，一共1 065万套住房，其中三分之二是城中村和工厂宿舍，都是些只能租不能卖的房子，剩下的房子里又有很多是豪宅，所以深圳的豪宅几千万元一套看着不便宜，但每次开盘都会被一抢而空，因为这些房子还有上涨空间，算是给高管们安居乐业的配套服务。

员工们先租着，能买得起房子留下，深圳很欢迎你，因为房价筛选出了万里挑一的精英。

深圳自己不建名校，但是全国人才都急匆匆地前去建设，每年新增人口四五十万。当地劳动人口比例高达85%，全是年富力强的青壮年，也不会消耗太多医疗资源。所以，深圳才有底气不建大学、医院和养老院，也不考虑宜居问题。网上那些天天喊着不能把房地产作为支柱产业的人，应该看看深圳这个样板，这里不但不在乎房地产，甚至都不是很想把房子卖给你。但是这样做，你一样买不起房子，如果深圳模式全面推广，那你在哪儿都买不起房子了。

那么，房价下跌的地方还能买吗？

房价跌了你更买不起房。就以天津为例，前文提到，天津无论怎么看都是座很适合生活的城市，医疗、教育和基础设施都很靠谱，房价却连续下跌。

我曾说过，凡是希望房价暴跌的，不是蠢就是坏。因为房价暴跌的后果，就是大家手里的资产大幅贬值，银行怕坏账，就会开始抽贷，企业没了银行的支持就难以为继，接着就是裁员和失业，就像美国2008年那次一样，全社会一起受害。

房地产最好的情况是没有泡沫，第二好的情况，就是维持一个泡沫。一旦出现泡沫，像我们现在这样，就千万不能戳破，戳破就是硬着陆，是最坏的情况，后果参考日本过去的三十年。

房价下跌，卖地没了收入，地方政府就没钱做配套建设，没钱扶持企业，没钱吸引人才，没有这些东西，你就没有工作，你买来的房子就是一堆钢筋水泥，你根本不会去住，如果你只是需要一个水泥盒子，郊区和农村便宜的房子多得是，也没看到人买。

现在交通越来越发达，房价就更不能跌了。天津去北京的高铁只要半个小时，比北京市内通勤还方便，本来是想承接一些北京溢出的人才和产业，结果反而被吸走了很多人。

未来的中国，城市间就是强吃弱，落后的城市交通越发达，人走得也越快。高铁和飞机就是吸管，吸管越粗，发达地区吸引人才的速度越快。比如，湖北荆州高铁开通后，一跃成为全国人口外流最严重的城市之一。还有随州、潜江、枣庄、涪陵，本来高铁通车之前，这些地方的经济增速都能跑赢全省平均值，但是通了高铁，经济反而开始落后。原因就是原本离不开当地的产业和人才，在交通方便之后都走了。

因此，我很看好区域中心城市的房价，比如武汉、郑州、成都，这些地方虽然不是最发达的，但是比它强的都离它很远，这些城市吸引人才的能力会更强。

说回天津，2018年开启了海河英才计划，几乎零门槛吸引人才，结果近两年每年才新增两万人，三年加起来人口还是负增长。

对比深圳模式，天津的房价确实不高，也很宜居，就是工资低，但这是你想要的结果吗？深圳的精英模式和天津的宜居模式到底哪个适合自己，每个人都需要有自己的判断。

（2020.12）

房住不炒，真正立意

房住不炒仅仅是为了限制房价吗？此举对我们社会有哪些积极意义？

我先问大家一个问题，什么叫炒房？全款买两套房，然后把它租出去，是不是炒房？如果两套不算，买五套算不算呢？

其实，从根本上说，是不是炒房，跟买了多少套是没关系的。这里不提那些囤积土地、哄抬房价的人，这些一定是炒房。仅就普通人而言，不管买多少套房，只要合法合规交费，不让房子空着，按照合适的价格把房子租出去，在我看来都是健康的。房住不炒的根本目的，不是打压房价，而是打压房贷。

因为房住不炒，不是房住不买。现在个人买房，特别是买新房，一半的买房资金实际是买地钱，也就是交给了地方政府，成为地方财政收入的一个重要来源。地方财政拿着这些卖地钱去修桥、修路、修学校，这是在办好事，你买房子等于是在做贡献。现在房地产税的立法也在稳妥推进，以后手里房多的人，要多缴税，那就更是做贡献了。

我们按照法律法规的要求，去银行正当贷款，不作假，正常交首付，这样是不会给经济造成负面影响的。如果只是出于纯刚需，要结婚生子或者自住的人去买房，房价是不会暴涨的，甚至加上那些理性投资房地产的人，也不会暴涨。最希望房价暴涨的是那些炒房客，甚至把身家性命都赌进去的。这些人才是真正要防范的对象，炒房客最大的特征，就是不断用超出自身能力的钱去买房。

这些人里，有些跟亲戚朋友借首付去炒房都还算轻的，还有些人刷爆信用卡，顶着每年十几个点的利息去凑首付，甚至还有人借高利贷，在民间融资，挪用银行贷款，把原本贷给企业的钱拿去买房子，这就不仅仅是冒险投机的动作了，诸如挪用经营贷款买房的行为，纯粹是违法行为。

炒房的人根本不会老老实实全款去买房，甚至首付都是拆东墙补西墙，然后拿着各种渠道借来的钱，去赌房子一定会涨。在房价疯涨的时代，确实有些人靠着胆大妄为赚到了一些钱，但这是很不道德的行为。因为你背负的风险超出了你偿还的能力，最后这些风险是不会消失的，它需要别人帮你承担，要么是银行，要么是借给你钱的人，哪天房子不涨了，甚至仅仅是涨得慢了，你的这种风险都会爆发。最后你两手一摊，说你也没想到会这样，可是欠的一堆债，却需要让所有人替你买单。这些人才是最可恨、最应该打击的。而且，事实上，近年这些炒房客确实也受到了制裁，随着房价的合理可控，那些妄想投机的人，已经开始慢慢被清理，付出了应付的代价。

那么，为什么这件事几乎是一张明牌，后面的发展也非常清晰呢？新房和二手房，具体又是怎样的关系呢？

所有的经济危机，本质都是债务危机。本次对房地产市场的调控，表面是在控制房价，实际是在控制债务，而且正在稳步实现原本的目标。

2008年美国的金融危机是一次史上罕见的崩盘，虽然叫金融危机，但起因其实就是房地产债务。当时美国的金融机构，包括很多银行在内的金融机构，缺乏监管，没有意识到风险，手里钱多了就想往外放贷，但是一般人不会没事去找银行借钱，于是银行就想到一招，说房子不是一直在涨吗，我把钱借给普通人，零首付让他去买房，他买完了还得起房贷，我就赚利息，还不起房贷，我把房子收回来转手卖了那也不亏，左右都是赚钱，稳赚不赔。于是，很多原本没有资格贷款的人，银行也把钱借给他们买了房子，还给这些有问题的贷款起了个好听的名字，叫次级贷款，就是质量比较差的贷款。理所当然，有些人还不起钱，银行收回房子，然后把房子拿出去卖，这一卖，房价下跌，结果导致更多人变得不愿意还钱，因为当初借了100万元买房，现在房子只值50万元，那银行你把房子收回去得了，这房子我不要了，钱我也不还了。结果就是，银行手里攥了一堆根本不值钱的房子，于是银行开始倒闭，一场影响至今的金融危机就此开始。所以2008年金融危机也叫次贷危机，不论是叫次贷也好，杠杆也好，债务也好，名字是什么都无所谓，本质都是有人借了自己还不起的钱，承担了自己承担不了的风险，最后让社会买单，窟窿太大，美国金融体系就崩塌了。

这件事给全球金融界留下了深刻印象。所以当房住不炒政策出来时，背后的深意其实也很明确。

房住不炒政策，没有不鼓励大家买房子，只是不鼓励大家上杠杆去炒房子，尤其是不能借自己还不起的钱去炒房子。我们仅仅从道德层面看，那些不知道该投资什么的人，全款买了房子，是不是不道德呢？我认为不是，很道德，甚至对社会有益。

首先，买房的钱，一半作为土地出让金交给了地方政府，用来搞建设，当地所有人，有房的没房的都会受益，然后现在中国的房屋租售比，是很偏袒租房人群的，买房人群是很亏的。很多地方的房子靠房屋出租，五十年甚至一百年才能回本，你买了房子租出去，对社会是有益的。

而且现在的经济政策核心目标之一就是去杠杆、去库存。你全款买库存房，其实是一次实现了两个目标，既没有杠杆，还去了库存。房子拿在手里，资金成本、通货膨胀，再加上物业费用和以后的房地产税，每年持有的成本也有百分之十几，再加上现在房地产温和调控，房价不会大跌，但也很难大涨，你做了这么多好事，最后得到的也就是个保本理财的收益，是很健康、很正能量的事情。所以，我们没有看到明显打压房价的政策，大部分限制都是针对贷款，希望减少大家借钱买房的冲动。

那么普通人下个阶段买房子，有哪一点需要特别注意的呢？

最近很多人发现房贷，特别是针对二手房的贷款审核更加完善和严格了，这是一个明显的去杠杆、降低负债的风向。债务是经济的催化剂，在顺风时可以让船跑得更快。企业有技术优势，或者好的商业模式，借债可以快速发展扩张；个人对未来有信心，借债可以更好地投资和消费。但不论是个人还是企业，债务一旦过高，又会给经济链条带来绷断的风险，所以适当地控制债务规模，是一个很考究的工作。比如，现在银行给个人房贷，比例规定，中资大型银行放出的贷款里，给个人房贷的占比不能超过32.5%，中型银行不能超过20%。银行手里能分配给个人房贷的钱有限，而国家又鼓励大家买新房，这样既可以让土地财政运转，又能避免房地产商手里有太多库存，所以二手房的贷款自然收紧。不论是政策方向，还是银行的谨慎态度，都是在给炒房客们明显信号，到了此时此刻不要再心存侥幸，把以前那套高负债炒房的逻辑继续玩下去。

至于不懂理财投资，想靠买房子对抗通胀的人，我有几个建议。首先有个账要算明白，资金成本加上持有房产的物业、折旧等成本，每年可能有10%上下浮动，现在不是所有房子都能带来稳定的10%回报。如果只是单纯理财，房子作为最好投资品的时代已经过去了。

在哪里买也非常讲究，前段时间有位沈阳的朋友问我，自己手里有300万元，想买套房子保值，要怎么买。我给他算了笔账，300万元在沈阳可以买到中心地段较好的房子，通胀加上增值，要预期每年15%左右的增长才能不亏，先不提沈阳能否每年涨这么多，就说五年以后卖房时，卖500万元才合适，可是在沈阳有500万元谁会去买一个二手房？有那么多钱，人家肯定会买新房。所以如果你一定要把房子当作家庭资产配置，那么一定要开始考虑几年以后好不好卖。刚需型房型，随时可以出售的地段才是最合适的选择。现在二手房市场的行情很可能会持续一段时间，房地产本来增长就有限，流动性又进一步减弱，着急用钱的时候真不一定能卖得掉。

不过反过来，我仍然觉得中国房价的稳定性完全是在可控范围，刚需自住，特别是在成渝、京津冀、长三角、长江中游和大湾区这五座城市群内的城市，都没有什么值得担心的。

中国经济长期向好的预期并没有变，特别是在复苏期，这些主动提前开始降低债务风险的种种举措，基本让我可以断定，目前的经济基本面没有任何发生系统性风险的基础。

（2021.10）

90后买房真相

90后不买房了,真的是这样吗?

大家都说现在年轻人佛系,只租房不买房。这就跟当年考试前个个都说自己没复习,结果考完发现就你分数最低一样。

其实,90后早已悄悄成为购房的主力军,嘴上说着不买,背地里偷偷都在看买房指南。他们的收入和需求也将代表未来房产市场的走向。

要预测房价,就得先弄清楚90后的需求。

90后嘴上喊着不买房,不是因为他们不想买。他们比老一辈更喜欢独居,更希望自己有个待着的地方,但是这一代人踩点踩得不是很好,我就是90后,步入社会工作的时候是2014年前后,稍微工作一段时间,房价已经上天,经济却开始放缓,发财的机会已经被前辈吃掉了。我算是幸运的个例,但是对于大多数90后,一进社会面对的就是困难模式,根本存不下钱。

根据QuestMobile发布的《2020年90后人群洞察报告》,中国90后月入过万的只有25.8%,还有高达四分之一的人群收入不到4 000元。90后人群人均账户余额不到6万元。能够拿出几十万元首付的是极少数,这样的收入水平在一、二线城市买房难度极大。

收入低,生活水平又降不下来,这让90后普遍没有存款。在蚂蚁金服和富达国际共同发布的《2019年中国养老前景调查报告》里,90后的月均储蓄不到1 000元。很多年轻人还没有背上房贷,光日常开支就已经感到吃力,早早背上了各种信用卡、花呗等负债。

但就算如此,90后还是真的很想有自己的房子。

发达国家的年轻人,买首套房的年龄保持在31～45岁。其中美国38岁,英国34岁,澳大利亚31岁,而中国,这个数据是29岁。这说明,买房仍是中国年轻人生活的重要目标,拥有自己的房子是件大事。根据2020年房天下发布的《90后买房数据报告》,85%的90后表示有购买房子的计划。90后对于安居乐业的渴望,急切得超出所有人的想象。

其实我们心里很清楚房价是偏高的,但是仍然前赴后继地做房奴。过去的教训让我们明白,靠自己积累财富已经遥不可及,只能开始寻求父母长辈的帮助。现在买房的90后,七成表示需要父母的支持,这个数据让我惊讶,居然有三成年轻人能单纯靠自己买房。

随着房价越来越高,父母的压力也大了起来。

70后购买第一套房时,父母的首付比例是28.1%,而80后的父母要承担44.5%,90后的父母要承担61%。过去90后不愿意花父母的血汗钱去为这些泡沫买单,我甚至还记得十年前有个词叫啃老,现在没人提了,因为在一次次的房地产调控中,当初啃老买房子的人,收获了无数回报。当初等待的人,现在想买反而要花父母更多的钱。

买房既是梦想，也是无奈之举。

以大城市每平方米2万元，一套89平方米的基础住房为例，这套房总价是178万元，首付比例按最低30%计算。

假如一个精英小同学叫韭韭，90后，22岁大学毕业，月薪5 000元，他每个月省吃俭用存下一半。干了三年，每月工资涨到1.5万元，然后仍然存下一半，就这样干到30岁，才能勉强够得上这个房子的首付。

根据国家统计局的数据，中国月收入超过1万元的人口为3%。2020年，深圳的工资中位数为5 199元，上海是6 378元，北京是6 906元，而新一线城市的工资中位数都没上6 000元，月薪过万，妥妥的是精英人群。在一路顺利的情况下，他必须严格节俭才能在30岁前买房。

大多数人又如何呢？朋友圈里看着个个年薪百万，实际上一线城市大学应届毕业生的平均薪资在6 500元，二、三线城市在4 000～5 000元[①]。假设不算其他房租开销，省去所有非必要消费，每个月存3 000元，凑齐53万元也需要十五年。十五年，房价能等你十五年吗？

这个计算的前提，还是一个二线城市的平均房价。一线城市起码要在这个基础上翻3倍，而二线城市想拿到高薪又比一线城市难得多。

这个简单的计算，相信很多90后自己算过。如果只有少部分人不能靠自己买房，那么找父母还算是耻辱，但现实情况是，大多数人做不到单纯靠自己买房，所以大家也就没什么心理负担了，比如韭韭找舅舅帮忙，那就是韭韭求韭韭舅舅救救韭韭。

---

① 数据来源：《2018全国应届毕业生薪资报告》。

近年90后买房比例明显增加，2020年中国一、二线城市的房子，90后买家占比超过四分之一，四套房子里就有一套是90后买的[①]，其中广州超过30%，大多数人也还是靠家人支援。天津稍微低一点，只有14.7%，天津人不喜欢借钱，买房喜欢全款，那就更没戏。这是个很大的问题，买房理财我只有一句简单的建议：银行房贷能贷多少就贷多少，能拖多久就拖多久，全部拉满。这辈子除了银行和父母外，再也没有人会以这么低的利息借给你这么大一笔钱。理财几万元的盈亏，你可以不用听我的建议，但是买房贷款这件事请你务必要听话。

金融杠杆一般服务于有钱人，而且是穷人补助有钱人，穷人拼命攒钱把钱存进银行，然后富人千方百计把钱借出来，借出来买房子或者生产其他产品再卖给穷人。

房贷是普通人一辈子能用金融杠杆的一次最大机会。利息极低，金额极大，还款时间极久，房贷利率百分之四点多，有公积金的甚至能压到百分之三点多，对年轻人来说，基本等于白送钱。

不要拿你现在的收入去衡量，感觉这么一大笔负债压力很大。

在资产负债表里，这笔贷款它既是负债，又直接变成你的资产。为什么呢？90后年轻人的第一套房，肯定会卖，因为你不可能二三十岁买一套房子住一辈子，这个房子虽然你在住，但实际上你是把它当成蓄水池。

放眼身边生活滋润的长辈，基本上都是靠房子做大自己的负债，然后用时间和通胀消解负债。几年下来负债慢慢没了，资产却沉淀了下来。

---

① 数据来源：网易《90后买房样本报告》。

二三十年以前，十万元是笔巨款，现在也就是一年的收入。今天三五百万元的贷款看着也不少，实际上二三十年后，就会缩水很多。

为什么买房致富的家庭很多，不是因为房子涨得多快，跟房子涨幅类似的投资品还有不少，但是大家就记住了房子，因为普通人买房都能上杠杆，房价涨了1倍，实际投资回报涨了3倍。

理解了这一点之后，贷款原则就很简单，能借多少就借多少，能拖多久就拖多久，能三十年还完绝对不二十九年半还完，等额本息把时间拉长。

不要觉得自己还能省下点钱，尽量早点把贷款还完。我们手里那些钱，是宝贵的现金流，贷款晚一天还就多占一天便宜，如果现金流保存得好，说不定又能攒出一个首付。你就又能找银行借钱了。

当然有两个前提，第一个前提是房价不会大幅下跌，看我们国家的经济发展形势，这个问题应该不大。第二个是你要借银行的钱，而不是借高利贷。网上有些人教人家刷信用卡借高利贷买房子，以前房价涨得凶，算是让他们赌赢了，可是以后房价涨得慢了呢？或者家人有情况急需用钱呢？我们追求美好的生活，一定要建立在安全踏实的基础上，不能玩火。

（2020.12）

房产税何时会来

经济学家任泽平曾表示,我国商品住宅数量一共有 3.11 亿套,套户比从 0.8 增至 1.09[①]。

如果房地产税真的来了,房价会跌吗?还没有买房的人,要不要再等等?已经有房的人,该怎么办呢?

现在网上很多人不喜欢土地财政,说因为政府卖地,搞土地财政,房价才涨到这么高,让年轻人买不起房,所以希望房地产税赶紧出来,终结土地财政。

这里我首先要说,土地财政绝对是中国目前为止最成功、最体现决策智慧的政策之一,它施行至今近三十年,基本上也是中国发展最快的三十年。它是中国城镇化高速发展的最强动力,如果没有土地财政,我们的城镇化不可能做到今天的地步。

三十年前,税收制度改革,国家集中力量办大事,把大部分税收收归中央,地方政府一下没了收入,为了维持运转,纷纷开始卖地,把卖地钱作为主要财政收入,这就叫土地财政。目前我

---

① 数据来源:《中国房地产金融》2018 年第 12 期,P10。

国地方政府收入的一半,都是靠卖地,像长春、太原、福州等地区的财政则基本完全靠卖地在支撑。

可是,如何将土地卖出高价的确是一个问题。

为了把地卖出去,所有的地方政府都有了一个共同目标,就是必须把城市建设好。卖地前,先出一个规划,表明此地附近会有学校、医院、道路,会有工厂,会有企业,会有工作,在这里买房,能够安居乐业,有了这个规划,开发商就敢买下这块地,盖房子卖给普通人。

这就形成了一个承诺,政府承诺买房的人,说这里会繁荣安定,会有你想要的生活。普通人就会拿出积蓄,贷款买房,然后政府拿着卖地的财政收入,开始兑现这个承诺,去"七通一平",去建更多的学校、医院、火车站,让城市变得更繁华、更漂亮,吸引更多的企业和人才,然后就能卖出更多的地。这样就形成了一个非常健康的正反馈,普通人出钱,政府出力,普通人买房之后享受城市发展的红利,政府卖了地,又毫无保留地投入到城市的发展和建设中。

一个高速发展的循环就这样全面启动,一座座崭新的城市拔地而起,我国城镇化比例就这样从20世纪90年代的25%一路涨到今天的63%,而且各地政府还互相竞争,互相攀比谁的城市更宜居,谁对企业更有吸引力,这股巨大的动力让所有的地方政府都发自内心地想建设好自己的城市。

就算你再讨厌高房价,也不能否认,过去三十年,中国的城市变得越来越繁华,附属设施越来越便利,人民的生活也越来越好。早期买房的普通人都是城市的天使投资人,而由于中国惊人的发展速度,政府兑现了当初的承诺,房价上涨,当初买了房的人,收获了巨大的回报。

这整件事现在回头来看，是一个逻辑非常自洽的循环，而且也获得了非常好的结果。确实，土地财政带来了一些产能过剩和房价过高，但是，比起当初一无所有，这种过剩问题，我认为完全可以接受。不过，虽然土地财政取得了巨大的成就，它还是已经走到了尽头，不是它不好用，而是它已经超额完成了历史使命，无法持续了。

因为城市不可能永远扩张，我们现在的城镇化率是63%，发达国家也就是70%左右，再有十年就能追平。追上之后呢？城市继续规划新的区域，再卖给谁呢？再去大规模地建设学校、公路、医院，也就不过是锦上添花。

所以我认为，中国的房地产很快就会迎来第二个阶段，这个阶段是什么呢？

很多自媒体每天都在关注房地产税，好像房地产税一出，房价问题就解决了。如果真是这样，那么起码要满足几个预设条件，首先是国家想打压房价，然后国家还打压不了，最后不得不通过房地产税把房价压下去。

这三个条件，每一条都有问题。

首先国家想打压房价吗？答案是不想。我们去翻翻政策公文，从"十四五"规划纲要，到所有地方政府的相关文件，关于房地产的表述都是一致的，叫维护房地产市场平稳健康发展。这基本上是未来五年到十年一个不变的主题。什么叫平稳健康？房价大跌是平稳吗？是健康吗？都不是。房价大跌，不光不健康，而且叫作系统性金融风险，也叫经济硬着陆。同理，房地产市场也不可能大涨，因为那不健康，也不平稳。所谓的平稳健康，官方没有具体解释，但是如果你听得懂体制内的语言，大概就能理解，就是有一小部分地方可以涨，但是这种涨必须能解释得通，对发展有益。同时有很多地方会跌，但是跌幅不能影响地方政府融资信用，不影响当地金融体系稳定，大概最大跌幅就是30%。大部分地方，大概率会继续保持在普通人全力一跳能勉强摸到的价格。

未来十年，想要靠买房赚钱，非常考验投资者的眼光和判断，建议不要用高成本的杠杆，对普通人来说，买房还是需要努力，轻松买房的情况不太会出现。

第二个前提条件，是国家压制不了房价。这个假设我觉得非常好笑，国家不但能牢牢地掌握房地产市场的方向，而且是唯一能真正控制房价的主体。

任何试图影响房价的人或者机构，下场都会非常倒霉。最近的例子就是之前被查的深房理炒房团。在中国做投资，对政府的执行力不要有怀疑。拿房地产来说，现在维护市场，是以行政手段为主，这是最柔和的介入方式。比如，2021年控制房价的一个新措施叫供地两集中，即各地一次性集中把土地挂出来卖，这样房产商资金不好周转，就没法把价格抬得太高。广州前阵子就一次性把全年一半的土地挂拍，看到没有，都不需要加大土地供应，仅仅是改一改卖地的时间，就能影响房价，如果哪天国家真想打压房价，轻轻加大一点土地供应，一夜之间房价就能下来。

再看第三个条件，房地产税是为了把房价压下去。前面已经说清楚了，打压房价，国家不是不能，只是不想。那房地产税还会征收吗？一定会征收，但目的不是降房价。

除了炒房的人外，现在真正买房的人就三种，第一是年轻人买房成家，第二是小房子换大房子，第三是城镇化的新市民。

中国人口即将进入老龄化，年轻人增幅不会太大，人均住房面积已经接近40平方米，改善需求也不大，所以主要还是看城镇化。中国城镇化大概还有10%的提升空间，十年左右应该能基本完成，就是说政府卖地还能卖十年。那十年之后呢？政府还有必要维持高房价吗？答案要从房产税上找。

很多还没买房的人，把希望寄托在房地产税上，觉得房产税一出来就能买得起房了。事情恐怕不是这么简单。

关于房地产税的讨论，很多集中在技术层面，如土地归属或者法律依据。其实这些东西都是细枝末节，如果国家决定要征收房产税，这些根本不会是阻碍。

先说结论，房地产税肯定会有，最迟十年内就会征收。因为十年之后，城镇化基本完成，当70%的中国人都搬到了城市里，中国城市规模就达到了巅峰。从那一刻起，新增的城市土地，就没有足够多的新增市民去填充。城市人口不再增加，只会从落后的城市流入繁华的城市，大部分人开始集中到少数几个城市群里。很多落后的城市会被淘汰，这个过程就像大企业淘汰小作坊一样，是一个进步的过程。

当历史大潮浩浩荡荡地扑来，不再有新增市民来买新增土地，这时不需要外力干预，土地财政自动就会走向尽头。没有了卖地的收入，就没有了大规模城市建设的动力，中国的房地产会全面转变到存量运营阶段，这个阶段，地方政府主要的收入来源会从卖地变成房地产税。

这不是我的个人分析，而是各国都经历过的必然过程。

在美国，房地产税占地方财政收入的45%左右，英国是43%，日本的固定资产税占市町村税，即地方财政收入的40%左右。如果中国地方政府也想让房地产税占到这个比例，那么房价绝对不能跌，而且可能还要随着经济的发展温和上涨。

房产税的开征应该离我们不远。那么近两年会不会开始呢？

或许会有试点，但不能全面开征。

因为房地产税不能在经济有下行压力的时候开征。如果大家都觉得明年经济会很好，房价有坚实的支撑，房地产税的后果就比较可控。但是在经济下行区间，如果突然给房地产市场一个悲观的预期，给经济整体带来的负面影响会很大。国家收税不是越多越好，而是要对社会整体有利，取消农业税就是因为这个税的负面影响多。而在经济下行时，房地产税的负面影响会大于收益。

所以，房地产税十年内肯定会收，但不是2021年，也不是2022年，也许会有试点，但是短期内全面开征不太可能，大概率是经济重新向上升的时候。房地产税短期会给房地产市场带来震荡，但长期不会让房价下跌，全世界目前还没有哪个国家的房地产因为房地产税而长期下跌，反而是因为有了房地产税，政府更加不希望房价大跌。征收房产税不会长期压制房价，反而会为房价托底。

土地财政终结之后，核心城市，优质房产还是会涨价，这种房子任何时候都是奢侈品，买不起就是买不起，但是除此以外的地区都可能会有更合适的房价，但就算降价，原因也不是房地产税。

有一个朋友跟我说，他有一个不如自己努力的朋友，因为拆迁而暴富，心理不平衡。其实大可不必，因为钱给到拆迁户，他们既没有能力形成资本，也无法固化阶级，最终都会消费掉，对社会来说，是一个很好的结果。房地产税最终针对的，也就是那些不生产价值、完全依靠房子生活的人。而当土地财政终结之后，巨额的拆迁补贴也不会再有。房地产最终会慢慢回归成一个平稳的正常行业，我相信，靠努力就可以安居乐业的时代很快就能到来。

（2021.6）

高层住宅，没有未来

投资房地产最失败的人，就是买了小城市高层住宅的人。如果你有中国小城市高层住宅，或者部分大城市非核心地段的高层住宅，建议这几年能处理的就处理掉，打算要买的，谨慎一点。

现在很多人买高层的房子，首先纠结房屋性质，看是不是商住公寓，是不是住宅产权，其实我觉得这个不是最应该担心的，因为不管产权是七十年还是五十年，他们都面临同样一个问题，就是二三十层的楼，根本用不到产权到期那一天。

这不是我随口预测，自2021年以来一连串的国家政策，都证明了这几乎是个必然的结果。

先是住建部在《加强县城绿色低碳建设的通知》里规定，县城新建住宅以6层为主，75%的住宅不能高于这个高度，最高不超过18层。

然后在2021年7月，发改委又紧跟着发出通知，严格限制城市新建超高建筑，250米以上要专门到住建部备案，500米以上一律不得再建。国家已经认识到，高楼是在给未来埋下隐患。

在我国高速发展的过程中，曾经对富裕美好和繁华生活有过很多幻想，各种高楼大厦就是其中之一，仿佛高楼林立、灯红酒绿就是富有的象征，就是有面子的象征。所以在相当长的时间里，大家评价城市发展得好不好，会说高楼多不多、市中心繁不繁华。这属于典型的暴发户心态。

而且出乎意料的是，中国高层住宅最多的城市并不是北上广，第一是重庆，第二是武汉，第三是成都，第四是西安，然后是深圳、长沙。除了重庆是地理原因特殊外，其他很多不缺地的地区，为什么也要建超高层住宅呢？我是真的不太理解。

并且，现在很多地方盖房子喜欢盖33层，根据中国《民用建筑设计通则》，建筑高度超过100米，就有很多额外要求，如100米以上要额外建避难层，要做正压通风，不能用自然通风，要配备三台以上的消防电梯，还要有很大的人防面积。房地产商建一幢普通住宅楼，不算地价，建筑成本2000多元1平方米，但是超高层有些会高到1万多元1平方米，根本不划算。

按每层三米，一般盖到33层就可以停止了，但是这对于普通人来说，还是太高了。首先，购买价格就不划算，矮房子，特别是7层以下，或者部分11层以下的住宅，得房率能高达85%甚至90%，而20层以上的高楼，由于电梯、剪力墙等占用空间大，得房率往往只有70%多一点，这一进一出，房价相当于涨了一两成。

然后，现在大部分城市的消防设备根本够不到三十楼以上，就算有，楼房周围的环境也不一定能承受这样的设备。所以万一发生火灾或地震，在高层的你基本别指望别人来救你，自己想办法。虽然得房率低，有钱也能解决，火灾和地震毕竟也少，不一定能让你遇到，但是高层住宅真正的死穴，是它几乎无法善终的命运。

那么对于高层住宅，你该怎么办呢？

我不知道大家有没有在县城或者小城市看过成片的高层小区，然后小区旁边就是大片的空地或者矮房。这样的情况在中国非常常见，买的时候觉得有面子，收房公摊面积30%，咬咬牙也就认了。但是，考虑过以后吗？

不是三五年以后房价会怎么样，而是十年二十年以后，还有没有人接盘，你还能不能继续住下去。中国房价涨了这么多年，让大家都忘了一件事——房子是有寿命的。而且第一批高层建筑，马上就要迎来老化期了。首先是电梯频繁损坏，然后是水电管网经常要维修，漏水、墙面剥落等问题慢慢出现，而且会越来越严重。很多20世纪八九十年代的老楼，稍微管理得差点，现在居住体验就已经很差了，这些楼一般都还没有太高。而高楼，面对这样的老化问题，是无解的。

谁会来兜底呢？让开发商来修？不可能，开发商只会保障结构问题，而且只保障五十年，就是说这个楼五十年里没有塌，他就管不着。让物业来修？现在很多老小区，找物业修门、倒垃圾、打扫卫生都已经爱搭不理了，想想未来，高层建筑如果需要更换电梯或者做加固，这种花大钱的时候，物业能靠得住吗？那点维修基金，根本不够。

那么靠业主自己联合解决？首先，现在的老旧小区里，超过40%的住户都是租客，大量业主早就换了新房搬走了。业主自己也不在这里住，再不方便也不是他自己，租客就更不可能了，房子都不是他的。而且很多人确实拿不出这么一笔钱，总不能强迫别人吧。

矮一点的老旧区域好办，拆了就行，因为开发商能赚钱。把五层楼拆了，盖一个30层的楼，赔你几套房子根本不算什么。

旧城改造多是这样，把容积率1左右的城中村拆了盖成容积率3的小区，开发商赚了，政府也赚了，拆迁户也赚了，因为同一块地上面房子多了。而那些十几二十层的楼，谁愿意拆？拆了再盖个五十层的吗？那为什么不去旁边拆矮一点的房子呢？高层容积率很多已经到了3，没有太多利润空间，高层住宅在拆迁时，比起矮楼根本毫无优势。而在高层住宅旁边的小块矮楼也会被误伤，因为开发商喜欢一次拿一整块地来建设，小块的居民区还得跟附近的地块捆绑，谈判起来特别麻烦。所以在买房子的时候，尽量不要买特别小地块的小区。

在很多其他国家，早年的高层建筑都已经沦为贫民窟。政府会兜底吗？私人住宅的房屋产权属于个人，不是国家，花纳税人的钱来给个人修房子，这件事很难讲得通。所以最后，高层住宅的未来就是慢慢折旧，过了二十多年的舒适期之后，不断降价转手给能够接受不便的人。

那么，如果要买稍微老一点的房子，或者高层，有什么要特别注意的呢？

二三十层的楼，电梯保养、渗水维修，在老化之后维护费用极高，居住体验会极差。全世界曾经建高楼的发达国家都经历过这个过程。比如美国，在曼哈顿核心地段，高楼就算维护昂贵，也有人愿意花钱接盘。但是很多地段稍微偏一点的高楼，空在那儿连拆迁都没人愿意去。当年"二战"结束之后欧洲也曾经建起过高楼群，如今很多都变成了贫民窟。这些早年的发达国家，后来楼越盖越矮，我们以前不懂，现在国家已经连续出台政策，限制县城6层以上和城市33层以上高楼的建设，证明我们也反应过来了，这几乎是一个无解的问题。

像香港地区高楼住宅这样的恶劣居住环境，就是内地很多高楼二十年以后必然的结果。新加坡做得稍微好一点，他们有一个旧楼维护升级计划，叫 HIP，但是因为新加坡的土地政策很特殊，住宅组屋只有九十九年使用期，到了最后，房子以及土地都要还给国家，所以国家拿钱出来维护房子，是维护自己的东西，法律上很合理。但是在我国，虽然土地是国有的，可房屋产权是个人的，国家没有义务帮你修房子。由于过去房价飞涨，很多人没有建立一个意识，即房屋其实也是一个消耗品，跟车一样会折旧，虽然时间长一点，但几十年的房子跟十几年的车一样，确实也几乎没法用了。

而且，从国家碳中和的角度考虑，还巴不得你高层住宅少住点人，因为楼高了，每次用水、用电梯、采暖等都在消耗额外的能源，带来环保压力。特别是那些根本不缺土地的城市，在大片的平地上突然建一堆高层住宅，最后谁接盘，谁就需要承担这种虚荣的后果。

意识到房子会老化之后，买矮楼其实也要注意。就是房子好不好拆也是一个需要考虑的因素，大片在优秀地段的矮房子，几十年后根本不愁没人接盘。但是，即使是特别核心的老旧小区，现在也有问题，因为国家已经在减少拆迁和棚改，而转为去改造老旧小区，要求六年内改造 17 万个小区。

未来拿到高额补偿的拆迁户会越来越少，可能只有像深圳这种真正缺土地的城市才会有高价的拆迁补偿。主要原因，其实就是国家判断，已有的住宅已经基本可以满足需求，人口也没有再增长，在建的住宅占现有住宅的 20%，房子再往高处修建已经没有必要。

现在大量高层烂尾，也会处在越来越尴尬的状态。县城，或者不太缺土地供应的城市，那些 33 层的空置住宅，未来的价值真的不知道在哪里。大家如果要买，请千万谨慎。

实际上，当各种房型都住过之后就知道，其实什么高层大楼，前后院的别墅，都是看着舒服，麻烦事不少。而居住体验最爽的永远是大平层，如果再离上班的地方不远，又有家人等着你回家吃饭，真的比给外人炫耀重要多了。

（2021.7）

中国的房子够住吗

中国的房子到底够不够住,你还能不能继续买房子?

网络上有一个传言说中国的房子已经够 30 亿人住了,这个说法并不可信,先说我的结论,中国的房子总量应该是够居住的,但是非常勉强。

根据我国住建部的数据,在 2019 年,我国城市人均住宅面积是 39.8 平方米,将近 40 平方米,然后这两年新竣工的房子又有 13.6 亿平方米,平均每个人又多了 1 平方米,也就是说,中国的城镇人均住宅面积,现在是 41 平方米左右。

这是什么概念呢?跟国外对比一下,日本的人均住宅面积是 33.5 平方米、新加坡 30 平方米、韩国 28 平方米,看起来我们的 41 平方米是挺多的,但是这里有个问题,就是中国的住宅面积是算建筑面积,如果我们像国外一样算实用面积的话,真实的得房率得打八折,大约是 32 平方米,比日本还有差距,而英国、法国、德国平均是 40 平方米,比我们多了足足四分之一,美国就比较特殊,人均 67 平方米,大概是我们的 1 倍。

这还是我们近十年全民炒房、大拆大建的结果。十年前,中国人均住宅面积只有 26 平方米，确实是不够住，房地产近十年的发展，或许造成了一些泡沫，但是说句公道话，我们中国人这些年住得也确实是越来越宽敞舒服了。可是房子真的够吗？

现在的人均住宅面积 32 平方米，看似及格，但中国还有一个特殊情况，那就是房屋空置率极高。一般来说，正常的房屋空置率在 10% 以下，大部分国家都控制在这个范围之内，欧美甚至很多地区空置率在 5% 以下。中国的房屋空置率没有官方数据，但是根据西南财经大学的测算，平均是在 21%，即使我们保守一点计算，也比其他国家多空置 10%，减掉这一部分空房，中国的实际人均住宅面积就低于 30 平方米了。

我国的空置住宅特别多的原因主要是两个：第一是中国的人口流动性特别大，根据最新的人口普查数据，我国的人户分离人口达到 4.93 亿，三个人里就有一个不在户籍地。其中，跨省跨市的流动人口有 3.76 亿，这些人老家的房子很多都空着。第二是中国房子租金跟房价比起来，特别低，又没有房产税，房子在涨价，空着也不心疼。所以中国一共 3 亿多套房子里，有 6 000 万套是空着的。因此，中国的房子总数虽然够，但是实际使用起来，大家还是觉得房子小。而且城市越大，住的地方越小，一线城市人均使用面积 22 平方米，二线城市人均 26 平方米，农村和县城的房子虽然大，但是很多都空着。所以中国的房子实际还是不够，房地产行业还没有完全满足大家的居住需求。那么，还需要几年中国的房子才会真正过剩呢？数字可能会超过你的预料。

房子不够的主要原因有两个：第一个原因是城镇化还没有完成，农民进城的趋势还没有结束。根据最新人口数据，我国城镇人口比例是 63%，预计会继续高速增长到 70%，也就是说，接下来 1 亿人口进城的住房，是需要解决的。这些人在农村本来是有住的地方，前面算的总量里也包含这些农村房产，可是这些房子未来注定要被荒废。改革开放前中国一共有 400 万个村落，而今天中国只有 69 万个自然村，有人说中国平均每天都有 120 个村落消亡，但是在我看来，这是每天都有 120 个村子的人口融入了现代化社会，搬到了更适合生存、更便利的区域生活，这是中国经济发展的伟大成就，而这个城镇化的过程还将持续一些年。在未来十年，这 1 亿进城人口的住房需求约为 40 亿平方米。近几年我国每年新竣工的住宅在 7 亿平方米左右，也就是说，这 40 亿平方米的房子需要盖上六年。

第二个原因是中国住宅的设计寿命较短。日本、英国等国的建筑平均寿命在一百年，美国为七十四年，而中国的住宅设计寿命在五十年左右。实际上，20 世纪 80 年代建成的房子到现在居住体验已经非常差，水电管网早已适应不了我们的生活需求，所以房屋真实的使用寿命也就是三四十年。而在农村，大量农村自建住宅，特别是早年建成的住宅，顶多也就能住二三十年。且不说未来农村还有没有这么多人来住，就算要住，很多房子也需要翻修或者重建。从住房结构看，中国的住房里四成是商品房，三成是自建房，还有三成是早年单位的福利房、保障房还有小产权房等。这些房子里，20 世纪 90 年代以前的福利房、平房在未来几年里肯定会被陆续淘汰，2000 年以前的商品房也很难说还能坚持多久，再加上早年的农村自建房，中国大约有一半的房子都不是很令人满意。

即使现在我们不铺张浪费，大家忍一忍继续住在老房子里，那危房总不能凑合了吧？人均住宅面积按 40 平方米算，14 亿人就是 560 亿平方米，就算是所有的房子都按高标准来算，每一间都能坚持五十年，那么平均下来，每年自然淘汰折旧的房子就有

11.2亿平方米。而我们近些年每年新竣工的住宅面积只有7亿平方米左右。现在房子还能越来越多，是因为90年代第一批商品房还没开始淘汰。所以，老百姓还是缺房子住的，而且缺不少，现在房子贵到难以负担，房地产行业下一个时代的使命，就是盖出更多、更好、更便宜的房子，让大家住得更宽敞舒服。我想，这才是中央反复强调房住不炒，而不是全面打压房地产的原因。那么，房地产行业真正的顶峰是什么时候呢？买房为什么一定要在这之前呢？

我认为房地产还有八年左右的生命周期。

从空间和时间上看，中国的房子都还远没有到充足的程度。

从空间上看，房子的分配很不均衡。中国的户均住宅自有率高达96%，这就是说大部分的中国人，多多少少都有个容身之所，至少在老家的某个地方，还有一个属于自己的小房间。但是这些房子跟生活需求往往不匹配，如中国人均居住面积最大的城市福州，是中国唯一人均住宅面积超过50平方米的大城市，福州人有钱就喜欢买房子，郊区城镇自建房也建得很大，当地的房子明显过多。再看深圳，它的人均住宅面积还不到福州的一半，住宅自有率更是低到23%，四个深圳人里只有一个有自己的房子。作为世界级的大都市，深圳有1 000万人居住在城中村，房屋的供给明显不足。

随着未来中国五大城市群的渐渐成型，人口流动，特别是跨城市的人口流动，都是未来房地产的刚性需求。

从时间上看，中国房地产行业也远没有到周期的尾声。我们看日本的数据，日本盖房子的顶峰在1976年前后，恰好跟日本适龄购房人口的顶峰一致，这可不是巧合，东亚国家首套房的主力就是24～34岁这批人。韩国的新开工住宅顶峰是1992年，恰好也是在适龄购房人口的顶峰前后。

如果按同样的算法，我国首套房购买人口的顶峰，是在2019年前后。中国1985～1991年的婴儿潮，年均出生人口在2 300万人以上，这一代长到30岁，该结婚了，纷纷在2019年前后买了房，让房价和新开工的住宅都创造了新高。而这一代人，在未来十年仍然有买房换房的客观需求。

日、韩两国的新开工住宅面积，在到达顶峰后，都坚持了十年左右，靠的是35～45岁人口的改善房购买需求。那么从2019年开始算，中国的房地产建设至少要持续到2029年，也就是七年以后，才能满足社会真实的需求。

至此，我们对房地产建设未来几年的判断已经明确。1亿人口的城镇化需求，85后婴儿潮1亿人口的改善房需求和1亿套老旧房屋的淘汰需求，将会支撑中国房地产未来几年的继续建设。我相信，随着房住不炒政策的落实，房价得到控制，中国的房地产会继续健康稳定地发展，中国人也一定会住上更大、更便宜、更舒适的房子。

（2021.12）

5

理财篇

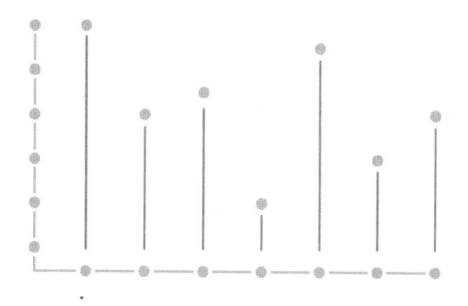

普通人的闲钱，怎么理财简单放心

买基金到底是在买什么？基金和股票有啥不一样？

股票和基金最基本的区别大家应该都知道，买股票是选一家公司去投资，买基金是选一个代理人去帮你管钱。这些常识，一直关注我的朋友应该早有了解，但有一点我以前没有提过。

对于散户来说，基金相比股票，最大的优势在于它受到的政府监管更强，这点才是买基金主要的理由。因为监管越多的地方，资本相对于普通人的优势就越小，买家就相对更安全。资本市场所有的监管，本质都是保护普通人，因为与资本相比，普通人太过弱小。

监管比较少的野生投资市场，如投资创业公司、投资加盟小店或者做无抵押的民间借贷，这些地方就是普通人的屠宰场。我真的没听说过，有普通人做这些投资最后会有好结果的。没有监管的市场，是大资本的赌场。监管稍微多一点的地方，如信托，或者曾经的P2P，国家设定最低投资门槛，绝对不是拦着你发财，而是保护你那点工资。

股市监管会再严格一些，上市公司需要经过层层审计。但是在这样的市场里,资本还是能够碾压普通人。炒股的时候,股价对于普通人是一个客观的结果,就像刮风下雨、日出日落一样,是一种不能违背的现象,只能去看、去观察,最多就是总结一些规律,非常被动。但是对于资本来说,市场是可以预测甚至控制的,它可以人工降雨,可以兴风作浪,甚至只需要少量资本就能牵动大量普通人无脑跟随。而且,钱多与资本并不能完全画等号。有些业余游资,组织一帮人,几十亿元的资金规模,看着也不小,但是拿到市场里还是像赌博一样,这样的只能算作是一个大号散户,不是资本。我认识一个大哥,他虽然只有一两千万元,但有路子参与洗盘,钱虽然不多,但他就可以称得上是资本。

资本有固定的圈子和门槛,所以投资大佬真正看盘的时间并不多,主要精力花在社交上。金融业做到最后拼的根本不是技术,而是资源、圈子、信息。有没有散户赚钱呢?有,赌场也有能暴富的,但是你要掂量一下自己有没有这个运气。

理解了这个前提,就知道怎么选战场了。监管越松的市场,就越像弱肉强食的丛林,资本对于普通人的优势就越大。

我认为,普通人用闲钱理财,性价比最高的还是基金和基金投顾业务,公司上市的时候有一层审计监管,基金经理有一层证监会的监管,基金投顾业务又有一层资格审查,资本被层层驯服之后,基本就不太吃人了。

那么,普通人理财收益每年有多少算是正常呢?具体要怎么挣到呢?

来看专业的理财机构,我统计了一下,过去十年,中国2 300位公募基金经理,年化稳定10%以上的基金经理只有33位,每年稳定15%左右回报的,只有11位,能稳定年化20%的基金经理，只有4个人。

这是职业投资人的最好表现，某些一年3倍的民间股神，短期内确实令人羡慕，放到十年的长度，很少有能做到这个地步的。

那么普通人合理的收益是多少呢？我们看中国成立超过十年的股票型基金，一共106只，这里面年化收益超过4%的有98只，超过5%的有86只，超过6%的有73只，也就是70%左右。成立时间超过五年的500只股票基金，年化超过6%的有432只，也就是80%多一点。

这个范围大概就是普通人应得的投资收益了。基本上是一个能够消化掉物价上涨，但发不了大财的收益。如果你想靠基金稳定赚15%或者20%，甚至是翻身暴富，那是不可能的，但是谨慎选择，长期持有，是可以跑赢通胀的，这就是普通人理财的合格线。

为什么是6%左右？因为普通人在资本市场，只配赚一种钱，就是国家经济发展的大船往前开，你坐在船上吃发展的红利钱。

现在国家每年经济增长多少？ 6%左右。

要超过这个航行速度，等于你的增长要比平均增长快，你就要从别人的碗里抢来一些增长的红利。那我就要冒昧地问一句，你凭什么？是你比别人消息多，还是你比别人更聪明呢？

我在查基金数据的时候发现一个很神奇的案例，有一个叫季占柱的哥们儿，2009年花了大概200万元买了某基金，直到2021年4月，这只基金发布年报，季占柱十二年没有任何操作，也不知道他是不是忘了。当初200万元买的基金，十二年里赚了1400万元。像他这样十二年不操作是比较极端的案例，但是基金长期拿着，至少是赚钱的，而且比银行理财回报率高。

如果选择炒股，从进入股市那一刻开始，你实际上就是想从船上其他人手里多抢一些发展的红利，对吧？炒股的人不可能说他的目标是每年只赚5%。之前有脱口秀说中国男性那么普通却那么自信，那是他们没见过中国股民，中国股民这么多年了，就一直在亏钱，却还一直觉得自己能赚到钱。

结果是什么呢？中国的散户，人均亏钱较多。根据相关研究，10万元以内的散户，单账户平均每年亏损2 457元；10万元到50万元的散户，平均每年亏损6 601元；50万元到300万元的散户，平均每年亏损30 443元。一个投资市场，人均进去都亏钱，那不是赌场是什么呢？

中国散户真的是水平一般但炒股的瘾又大，骂了也不听。成熟的市场如美国和英国，投资基本都是靠专业机构，哪有散户亲自上阵的。

那么，每年6%~8%的回报率，你会满意吗？如果要选理财代理人，该考虑哪些？

如果你没有任何金融知识，不如干脆就直接从人性角度出发做选择。

选基金或投资顾问，有三句口诀。

我们在经济学里有个词叫"眼镜蛇效应"，是说当年英国在殖民印度的时候，印度的眼镜蛇泛滥成灾，英国人为了消灭眼镜蛇，弄了一个悬赏奖励，告诉大家每打死一条蛇，带着死蛇可以去派出所领一笔奖金。结果，蛇少了吗？没有。印度人为了领奖金，反而开始了眼镜蛇人工养殖。英国人看到之后都傻了，成箱的死蛇搬来，喂得又肥又胖，所以英国人赶紧把政策取消，这一下更完蛋了，养殖蛇的人一看没销路了，直接原地把蛇都放了；放出去的蛇大量繁殖，结果眼镜蛇种群数量直线上升。眼镜蛇效应说的就是经济政策里面错误的奖励机制。

所以在选投资顾问时,一定要充分理解人性。只有合理的激励机制,才能找到一个全心全意为你赚钱的顾问。

假如有一个人,过来说我帮你理财,预计收益多少,如果超过这个收益,多了的部分归我,但亏了是你自己的事。你肯定不愿意,但其实,这就是很多私募基金的收费逻辑。

私募门槛高,而在现实生活中,更多的人可能是通过银行网点的理财经理来买公募基金。根据上市银行披露的数据——2020年基金代销数据,银行合计代销基金超过 2.5 万亿元。特别尽心为你着想的理财经理可能有,但可能是少数,因为很多人的最终目的就是卖基金给你,然后获得提成收入,至于你买完基金赚不赚钱,其实并不是他们的职责范围。因为三个月后,可能就转到其他网点不再服务你了。

这种纯粹为了卖产品给你,然后就撒手不管的,也不行。我有朋友问我,说他有几千万元闲钱,或者有几套房子不知道该怎么处理,这种问题我回答不了,因为投资是没有标准答案的,一定是根据你具体的需求场景去定制。比如同样是养老钱,同一个人,30 岁时候的养老投资和 60 岁时候就是不一样,年轻时肯定要激进一点,搏一搏高收益。我记得有一年年底,腾讯理财通里面"一起投"的板块做了一个华夏 90 后后浪养老方案的产品,就属于给年轻人做养老投资的策略。

为什么类似这样的投顾业务相对可靠一点?因为它的收益来源是收你投顾费,投顾费的逻辑是你资金越多、持有时间越长,他们赚到的就更多。一旦你进去,投顾就告诉你,选定离手,长期持有,这种就不会太差。记住,所有让你频繁交易,来赚取交易费用的理财经理、股神大 V 都不靠谱,因为投资是非常反人性的，我们天性里会觉得努力是好事，每天操作是好事，其实投资刚好相反，频繁交易就是会亏钱。

给大家总结选投顾的三句口诀：

收益全靠提成走，赌徒交易输成狗。
大V劝你多换手，你多亏钱他赚走。
选定躺好废话少，长期持有够养老。

（2021.5）

有钱人是怎么理财的

在中国当富人其实挺惨，因为中国的高端理财行业特别弱。但如果你突然暴富或者中了彩票，成为有钱人，该怎么理财呢？

实际上，中国的顶级富豪质量很高，因为现在的中国富豪大多数是创业第一代，第二代还不多，毕竟以前大家都穷，这些第一代富豪从残酷的竞争里搏杀出来，经历过市场严厉的考验，没能力的早已被淘汰。而且中国富豪普遍比较年轻，亿万富豪平均年龄 56 岁，全球富豪平均年龄则是 66 岁，所以眼下的中国富豪们，不论是经验、能力还是体力，都处在当打之年。

他们目前还可以很好地掌握自己的财富，不太需要借助外力理财。但是再过十到十五年，第二代开始接班，问题就会出现了。

赚钱的过程，表面上只是你的钱变多了，但其实更重要的是，对自己管理能力的提升，以及人际关系和商业理论的积累。

假设你是个富二代，现在免费送你一个 50 人的企业，让你当老板，基本的人员配置、股权分配、税务和财务的规划，你会不会安排？免费送你一个 500 人的企业，管理架构的设计、业务资源的分配、关键人才的来源，你有没有办法搞定？

电视剧里的那些霸道总裁，大呼小叫拍拍桌子就解决了，但现实里复杂得多。恕我直言，现在就算送给你一个公司，你也管理不好。更别提那些几万人的大型企业，领头人需要很多哲学层面的思考，这个体量的公司，你就算让我去管，我也知道自己管不好。

对于第一代富豪来说，在企业发展的过程里，他们慢慢克服了这些障碍。但是第二代、第三代，很多时候没有经过这样的成长。这些东西也找不到老师来教，因为具备这些能力的人，根本不会去当老师，父母亲自教也很难，当运动员和当教练是不一样的，自己懂和把别人教会是两件事。所以第二代富豪，还有发横财的那些人，经常不具备掌握这些财富的能力。欧美发达国家，这种情况很常见，他们有很成熟的体系来传承财富，从家族办公室到家族信托基金，相当专业，所以国外有不少延续了几个世纪的世族豪门。

我国富起来的时间太短了，财富传承体系不成熟。现在有很多富二代跑去搞金融和投资，其实还不如每天花天酒地。我身边真正败家的富二代根本不是那些每天去酒吧开卡座的，真正可怕的富二代，是没有能力却很有上进心，天天到处搞金融理财的。几亿元的资产每年利息都上千万元，光靠吃喝玩乐根本不败家，但是乱投资的话分分钟就能败完。

那么如果你发了横财，应该怎么做才对呢？

四大理财工具，普通人只知道三个，银行、保险、基金，懂信托的人少之又少。信托和保险、基金体量几乎一样，分别管理20万亿元左右的资金，但信托是最有良心的理财机构，因为它从来不赚穷人的钱，只赚有钱人的钱。

中国银行业一共有200多万名员工，保险业近千万人从业，信托只有区区两万人，而且法律禁止信托打广告，所以很多人根本没听过它。

但是，在国外，信托是富人最常用的理财工具。赚多赚少倒是其次，主要的是，信托是一种隔离，它可以把你和你的钱隔离。

简单点说，就是用你个人的钱成立一家公司，这个公司唯一的业务就是让你高兴，然后这笔钱就跟你无关了，它开始自己运转。比如，你用1亿元买了信托，那即使你破产、欠债，法院来查封你的房子，都不能动这1亿元，因为在法律上它不属于你，完全隔离，你托付给了别人，不仅债主没办法，传承的时候甚至不用缴遗产税，钱都不是你的，自然不用缴税。但是，不论是生是死，有没有破产，这笔钱都会按照你的嘱托继续运转，受益人可以是你自己，也可以是家人。

前几年有个造车的老板跑到了美国，就给他女儿买了5亿元的信托。目的就是做资产隔离。

不仅仅是钱的问题，国外老牌信托服务特别全面。它不光定期给受益人打钱，里面还有全面的业务，如可以有一个部门专门教你大儿子做生意，有人专门负责给你二儿子每年做体检，还有人负责安排你小女儿上顶级名校。

这种信托基本是国外富豪的标配，"脸书"老板扎克伯格用的家族信托，上到对外投资、科研慈善，下到给孩子找辅导老师、排演唱会门票，这些琐事全都包办。这种顶级信托的员工也都不是普通人，有联合国高官、知名科学家、资深医生、教育界大佬，这样的阵容，呼风唤雨不敢说，心想事成应该是做得到的。

所以有些富人说他们不爱钱可能是真的，因为钱已经被他们实体化，成了一个机构，这个机构存在的唯一意义就是让他舒服。

不过，这一套在中国可行不通，因为中国不允许财产隔离。《信托法》第12条规定："委托人设立信托损害其债权人利益的，债权人有权申请人民法院撤销该信托。"就是说，信托里的钱，可以被追债。中国的《物权法》，认定一物一权，财富自己不能凭空运转，不能没有主人，所以你就不能和你的财产隔离开。

中国的信托只是顶着一个名字，没有隔离的特性，某种意义上说还不如保险。

排除信托，暴富的你还应该怎么办？去买个房子，再买辆车，然后辞职去旅游一段时间？

大多数人暴富之后都是这个反应。不能说有错，但是然后呢？上班的时候觉得不上班一定很爽，其实试试就知道了，如果没有靠谱的社交圈，也没有需要打理的产业，停止工作之后很快就会开始无聊，接着你会快速退化，信息来源和思维能力都会变得封闭。如果你还年轻，这是非常危险的情况。

有些段子说拆迁户大妈开着豪车去扫地，其实大妈们就是感受到了这种退化，本能地试图对抗。

所以，暴富之后的第一件事，是暂时不要改变自己的生活状态。暴富给你带来的不是花天酒地的资本，而是没有压力的思考空间，你可以想想以前没精力想的事情。不需要为三餐和工资操心的时候，就更容易知道自己到底喜欢干什么。

然后，暴富给了你一个资格，一个让你做一件事而不求回报的资格。这个资格太珍贵了，等于你可以找到一个自己擅长、热爱并且不计回报的领域。这几个因素的同时存在，几乎注定了你会做出一些成绩。比如，我有一个喜欢养狗的朋友，财务自由之后功名利禄都不在乎，只专心养狗，不但养出了一批业内有名的格力犬，自己还成为世界级BOB的评委，顺手又赚了很多钱。再说个不恰当的例子，我自己写稿也是三天打鱼，两天晒网，但是当我想写的时候，肯定不是为了数据、为了钱，而是因为我喜欢。

暴富之后不要轻易改变生活状态，还有一个原因是，在每个财富阶段，你面临的骗局是不一样的。当你没钱的时候，遇不到厉害的镰刀来割你。突然暴富，等于是出了新手村直接被扔到最高等级的战场上。中国创业项目成功率低于1%，连顶级投资人投资都是九死一生，没有经验的普通人，做任何形式的投资都是白给。千万别觉得自己是投资天才，你大概率不是，不如把钱交给专业机构，然后别追求太高回报。

拿着现金没什么丢人的。巴菲特常年拿着千亿美元的现金，这是一种战略威胁，任何敢于做空他的人，都要掂量一下自己手里的筹码。互联网巨头手里也常年有百亿美元级的现金，同样是给竞争对手一种"别来惹我"的警告。普通人也是一样，资金本身不是防火墙，但是给了你不断试错的机会，找到自己天赋的机会，千万不要浪费，记得利用这个机会，好好建立自己人生的防火墙。认真做一件自己擅长并且喜欢的事，持续地做，做到比别人都好，暴富就不再是暴富，而是你应得的财富。

（2021.4）

存款 20 万元，如何理财

假设你手里有 20 万元存款，但是一点也不懂理财，这钱该放哪里？真正适配普通人的理财思路应该是什么呢？

有些理财教程上来就特别明确地告诉你去买某只股票或者基金，这是很不负责的行为。因为大部分人的财务知识接近于 0。投资是个门槛挺高的专业领域，需要多年学习，外行看了几篇公众号文章就想学会是不可能的。

但是，你其实根本就不需要弄清楚。我的理念一向如此，普通人根本不需要懂得理财的具体办法。道理很简单，爱听相声不需要自己有梗，爱吃冰激凌不需要自己制冷，想理财的也不需要自己瞎整。20 万元没有多到需要学习投资操作的程度，所有本金在 100 万元以内的投资，可选择的余地都非常有限。

所以，弄懂具体的操作对你没有用，真正对你有用的是，弄懂你自己，然后理财方法自然就会明确。100 万元以内的个人理财，完全不复杂，就是几个很大众的理财工具按不同比例搭配，你的任务就是找到适合自己的搭配组合。

就以 20 万元的个人存款为例。

你的年龄、家庭条件、未来收入增长潜力、这20万元是唯一的积蓄还是临时的闲钱，这些因素都决定了你理财的方向。如果你不太在乎，就可以尝试高风险的投资，如果是你的全部家底，那当然只能按保守思路。

钱的用途也大有讲究，如果你还年轻，只是在为退休做储蓄，那可以分出一定比例去赌高收益的机会，如果这钱三五年内就有重要用途，那分配就要谨慎。

这个目标不确定也不要紧，可以慢慢想，但是有一件事，你必须马上去做，那就是整理自己的开销情况。不管你有多少钱，我建议所有人都找个安静的时间，在桌前坐好，把这一步完成。

用一个清单，明确列出你近两个月的所有开支，以及过去一年的特殊开支。

现在很多银行App一般列得都很清楚，但是大家都不敢细看，大部分人就看一个卡里的余额，看着钱越来越少心里发慌，然后莫名其妙就花光了。所以，看余额根本没有用。

所谓理财，整理钱财，整理才是理财最核心的一步，在和残酷的市场搏斗之前，你得先把自己整理明白。不细看的时候，我们根本想不到自己点外卖、买衣服、吃零食可以花掉多少工资。

像水电、暖气、房租等维持生存的核心开支，暂且不论。就说其他的边缘开支，一些非必要开支，如买衣服、换手机、跟朋友出去吃饭等，这些必须匹配你的收入，理财就是未来的自己和现在的自己争抢资源，控制欲望就是在帮助未来的自己，放纵消费就会把未来的自己捶死。想理财，每个月起码要存下三成的收入。要挤出这三成，只能靠压缩边缘开支。

在理财道路上你会遇到很多对手，但是第一个对手就是现在的自己，好在你财务水平低下，不难击败。接下来，要开始思考，存下来的钱怎么分配到不同的理财工具里。

普通人理财，跟专业投资是不一样的，专业投资就相当于厨师，我们必须了解食材的品质，掌握火候和技巧，但普通人理财就是饭店的顾客，只需要知道哪家饭店好吃，然后会点菜即可。

100万元以内，能点的菜其实不多。关于买房本篇不做讨论，先看看投资市场上有哪些菜。

风险最低的是银行存款、国债和包括余额宝在内的货币基金，和平年代没有重大变革的情况下，基本可以视作无风险，如果连这几项都出了问题，那社会秩序也会临近崩溃，不如赶紧存粮食和罐头。

中等风险的理财，是大家主要需要了解的，包括不保本的银行理财产品、基金、房地产等。银行自己的产品还算可靠，但它们有时会帮外面的第三方机构带货。这种情况万一出了问题银行是不负责任的，卖给你产品的员工一离职，申诉都没地方去。再说基金，选基金本质就是选管理人。曾经炒作比较多的蚂蚁金服基金，我并没有买，当时看了一下，管理人还可以，但是有两个隐患，一是钱进去之后锁定期有点长，第二个是总盘子太大了，这几位基金经理手底下原来就管理了巨型基金，这个新的又是120亿元规模，他们的精力跟不跟得上是个问题。

基金、银行的理财产品这两样，是100万元以内最应该重点关注和投入的地方。风险相对可控，有亏损风险，但一般不会血本无归。虽然收益有限，但是对专业知识要求不高，也不太花时间，选定之后不需要一直操心。虽然我自己不太买这些东西，但是这就是普通人的上限，建议大家把这些作为主要投资方向，在这些产品里，尽量深入了解一两个具体选择，掌握一些基本技巧，如基金定投等，就已经足以战胜大部分散户了。基金定投两三句话也说不明白，我会另外开篇再细讲。

除此之外，比这些风险更高的理财方式可就别再瞎买了，随着全球货币超发，各国利率统一下跌，理财收益都不高。但是没关系，人生很长。在目前的形势下，不要像前几年那样追求15%的稳定年收益，最近央行消费者权益保护局就公开警告，理财收益超过6%就有亏损风险，超过8%就很危险，10%以上就有可能损失全部本金。眼下根本不是普通人理财的好时机，未来两年，戒骄戒躁，求稳求全。

那么，这种情况下，普通人还有可能实现财务自由吗？

普通人理财的雷区，其中第一个就是投资不懂的东西。任何高风险理财，如股票、外汇、期货、P2P、高利贷之流，外行进场直接就是去"送温暖"，有去无回，不要莫名其妙地自信，拿着血汗钱去跟专业投资人比画，人家是老虎豹子在斗兽场里厮杀得你死我活，突然误入了你这一头肥羊，被吃了就别怪世态炎凉。自己拿不到内幕消息，判断不了国际形势，就老老实实地分析企业的基本营业情况，但就是这样的价值分析，也是大部分人无法掌握的技能。

要真想不顾一切地搏一次，赌大小也比炒期货和外汇强，虽然十赌九输，但那比的是运气，至少在概率上还能和人家对等，而在高风险的投资市场，比的是技术、消息、策略，门外汉跟全球顶尖的大脑同场竞技，是没有一点胜算的。国外成熟市场里散户只有百分之十几，我们中国股市里散户有七成，我真替你们捏一把汗。我唯一建议散户做的高风险投资，就是每个月买一注彩票，生活太苦涩了，花两元钱买个做梦的机会。在投资市场上，所有人都要敬畏命运，即使顶级的投资专家，一个闪失就有可能血本无归。

所以，我不但反对你炒期货，还建议你年轻时根本不要花太多时间研究理财。网上居然还有教人5 000元月薪怎么理财的，简单算个账，你一年攒出两万元本钱，跑去刻苦学习理财知识，把自己培养成理财能手，一年能有15%的收益，算是很高了，那也就只有3 000元的收益。

这性价比也太低了，花了那么多精力，最后一年才3 000元。有这个时间，去加班，去研究自己工作的专业知识，或者去做一份副业，一个月多赚500元根本不难，而且还没有风险。有人说年轻必须学理财，怕发财了来不及，其实根本不必，普通人大概率是不会发财的，理财知识掌握了也没啥用，万一真的暴富了，再看这些文章也不迟。

早几年大家还是有点机会财务自由的，那时候投资收益高，本金不用太多就能靠利息生活。但是你那个时候如果真退休了，现在可就悲剧了。如今全球收益率都在下跌，美联储2021年还降息到0利率，现在每年花10万元，你就必须有1 000万元的净资产才能勉强退休。

按照历史规律，每一代人都会赶上一两次大变革，要么是飞速发展，要么是重新分配。抓住这一两次机会，比你平时理财重要得多。所以我真诚地建议，选一个很保险的理财工具，把省下的时间投入到一个小众的专业方向，让自己成为第一梯队的专业人士，然后祈祷这个行业突然爆发，这才是普通人实现财务自由唯一靠谱的办法。

（2020.9）

银行理财绝对安全吗

银行理财绝对安全吗？以前是，但是现在不是了，可能会亏，也会爆雷，而且未来还会成为一种经常现象，面对这种情况，普通人该怎么办呢？

银行理财不再保本，是必然的趋势。五年前银行理财，能有5个点的年收益，很多都能保本保息，政策叫刚性兑付，根本不会亏。那时候买理财感觉跟定期存款差不多。2018年，资产新规出台，一举击破银行刚性兑付的信仰，禁止银行再发售保本保息的理财产品，谁再提保本保息就打击谁。

因为保本保息是一剂危险毒药。这四个字，背后隐藏的是一个动摇经济整体的大危险，国家必须禁止。

过去几十年我国经济增速快，很多产业借着银行贷款也能发展起来，发展起来之后，银行的钱也真的还得起。所以那时候银行利润很高，你的理财偶尔亏点，没事，我银行用自己的资金池给你垫上，只要能让大家大胆把钱放我这里就行。

银行之间也有竞争，卖手机、卖电脑的可以互相比产品性能，开饭店的比食物味道，但各家银行，给客户的回报都是一样的人民币，为了吸引你去买，银行就争相喊出了保本保息的口号。

这样一来，储户是开心了，收益又高，又没风险。但是天底下哪有没风险的投资，这里的风险其实是银行在替你扛，如果经济增速足够快，这种操作还能维持。世界上任何一种机构投资，不论是理财、基金、保险还是信托，不管包装多好，一层层剥开后，最终这笔钱必须落到一个实体上，必须支援生产，必须有人拿它去办事，这钱才能有回报。这也是银行业的本质，把钱配置到需要钱的地方，让原本缺钱的生产机器开动起来，银行通过这种配置创造价值。

可是现在经济整体放缓，配置技术再好，回报还是有限。以前底子厚还能保本保息，现在各行各业老赖这么多，万一爆了怎么办。难道让银行公开道歉，对不起，我之前跟你开玩笑的，我说过的话我做不到了。

这一句做不到，带来的就是信用受损，银行之所以能让人放心把钱放在那儿，靠的是完美无瑕的信用。这金字招牌上容不得一点瑕疵。如果银行失信，谁能忍得了？

一旦出现这样的情况，必然引发大家对银行的不安，就会去取钱。这种情况下，银行就必须从企业抽贷，把借出去的钱收回来，先还给储户。企业借不到钱，资金链断裂，企业就会倒闭，员工失业，还不上贷款，银行更没钱，开始恶性循环。这就叫系统性金融风险，任何一个国家遇到，都是九死一生，这是一条绝对红线。

银行可以亏损，可以被打劫，但是绝不能说：对不起，我不行。所以，为了防止这样的情况出现，国家禁止银行理财宣传保本保息，一开始就不承诺，也就不会失信。

这是行业成熟的表现，完全没有风险的投资是不存在的，银行理财是相对靠谱的理财手段。那具体怎么选呢？

各大银行理财公司注册情况（见表5-1）。

表5-1 各大银行理财公司注册情况

公司名称	母行名称	注册资本	总资产（亿元）	净利润（亿元）	开业时间	注册地点
工银理财	工商银行	160亿	168.24	2.56	2019年6月	北京
建信理财	建设银行	150亿	157.22	1.31	2019年6月	深圳
农银理财	农业银行	120亿	129.81	4.77	2019年8月	北京
中银理财	中国银行	100亿	108.43	2.79	2019年7月	北京
中邮理财	邮储银行	80亿	84.39	3.09	2019年12月	北京
交银理财	交通银行	80亿	84.72	0.04	2019年6月	上海
招银理财	招商银行	50亿	70.54	1.5	2019年11月	深圳
光大理财	光大银行	50亿	51.98	0.21	2019年9月	青岛
兴银理财	兴业银行	50亿	51.45	1.03	2019年12月	福州
宁银理财	宁波银行	15亿	16.32	0.73	2019年12月	宁波
杭银理财	杭州银行	10亿	10.13	0.07	2020年1月	杭州

银行理财的坑，其实都很幼稚。比起那些民间P2P、借贷公司的大忽悠，银行是非常老实的。就它要的那些小花招，老实得都让人心疼。为此我专门研究了一下过去几年银行理财的坑。

第一个就是飞单，意思是你去银行买理财产品，结果理财经理把保险、信托或者其他代销产品当作银行产品卖给你。这些东西不是银行自己的产品，只是放在这儿顺带着卖，风险大。而且出了事银行不兜底，合同是你和厂家签的，银行只是代卖。理财经理卖银行的产品没油水，所以总喜欢推销外面的产品，因为给的提成高。这种情况该怎么分辨呢？

首先,银行自己的产品必须经过双录,也就是录音录像,防止员工内外勾结,卖假理财,凡是跟你推销的时候没有录音录像的就有问题。其次,上中国理财网查询产品的备案,法律规定银行理财要有自己的登记编码,是C字母开头的十四位编码,没有就是假的。最后,再看收益,银行理财产品都是收益看起来很低,没啥吸引力,因为如果国家把收益弄高,大家的钱都存着,怎么促进消费?所以,反过来向你许诺八九个点收益还没风险的,那必定就是骗子。

如果还想多了解点,就去打开理财产品的说明书,搞清你的钱最终投到了哪里。这个办法不局限在银行理财,任何理财都要多看一眼,说明书里废话很多,关键内容就几句,投资方向如果是投银行存款、债券之类的,一般风险就会比较低,投股票外汇一类,那就大起大落有危险了。如果投的是非标产品,那基本上普通人稍不留神就会进入陷阱。

什么是非标产品呢?股票、外汇、债券等产品,都是标准化的理财产品,虽然也有风险,但是国家有法律法规监管,国家筛选过一遍,有游戏规则,市场可能有输赢,但是人为操作故意害你就很难。而非标产品,就是完全没有规则的产品,可以去投非洲金矿、中东油田,或者你家楼下的水果摊,它没有标准,全靠操盘手的个人道德和技术。这类理财产品亏了钱不负责,赚了钱他还有利润提成。

这个设计太过反人性,想象一下,今天我给你100万元,让你帮我管,这钱亏了你不负责,赚了给你分10%提成。如果你人好,有良心,可能就带着钱去澳门赌一把,输了拉倒,赢了赚一大笔。如果你真的贪财,就有可能拿着我的钱投资你老婆的旧首饰,100万元直接全部转到你老婆账上,然后告诉我投资失败,跟我道个歉，回去你老婆拿着100万元夸你真能干。

所以，非标产品是给专业选手玩的，非专业选手碰都不要碰，你根本没资格去玩这个心跳游戏。

接着说回银行理财。银行经常故意让你排队，因为你排队的时间，就是向你推销理财产品的好机会。为了做这期内容，我专门去了趟银行，想看看销售的话术，结果发现这些银行理财经理，财经知识懂得不多，专业词汇倒是一套一套的，如"理财产品净值化"，这是啥意思？它的意思就是可能会亏本。"固收+是个好选择"，这又是什么意思？听起来像固定收益，其实还是会亏本，只是风险较小。权益类产品增长快，所谓权益越大风险越大，所以权益的意思是不但有可能亏钱，而且风险还挺大。

为了不吓跑投资者，银行起名字费了很大力气，归根结底，还是需要大家自己培养风险意识。现在爆雷的行业很多，银行作为金融行业的定海神针，绝对不能乱。前阵子国家金融领域的一位大领导说了三句话：做生意要有本钱，借钱要还，投资要承担风险。这三句话，简简单单，但是代表着国家监管意志的转变。

大家心里要有准备，钱即使投了银行理财，亏了你也得认。去年爆雷的诺亚财富，老板汪静波说了几句话，当前的宏观市场处于信用周期的末端，这是金融业无法反抗的宿命，会爆雷，会翻车。

当年行情好的时候，你飘了，下手没轻重，现在又说是不可抵抗的宿命，当初稳健点不就能抵抗了吗？不过有一点，她说得对，现在是金融周期的末端，大家的心态也得跟着变一变，以前的高收益未来会变低，以前不会亏的未来会亏。杀红了眼想翻本的人会越来越多，大家往外借钱投资的时候脑子清醒一点。但凡他能借到低利息的贷款，就不会找你借高息。

所以，在这样的大环境里，银行理财我还是很推荐的。首先是省心，可以让你多花点时间去赚钱，去享受生活。更主要的还是稳当，虽然嘴上说着不能保本保息，但是你还是要相信国家，万一银行理财产品出现重大暴雷，你至少还能找得到人，银行是不会逃跑的。我们国家对老百姓投资者，保护是不足的，但是同时又是过度的。不足就是总有人出老千，但过度呢？就是国家真的生怕大家的钱被骗了，事情闹大了国家总还是会兜底。在未来，管理越来越规范，骗子越来越少，保护过度的地方也会慢慢放松，再亏真的就要自己负责了，到哪儿闹也没用。这样全新的游戏规则，你准备好了吗？

（2020.12）

钱在贬值，基金还能买吗

从美国宣布无限印钞开始，各国银行步调一致，全球放水，所有货币都在贬值。从 CPI 数据看，所有东西都在涨价，唯一不涨的只有工资和存款。大家手里的钱正在以罕见的速度贬值，我曾经说过，散户不该炒股，银行的利息又约等于没有，剩下能选的不多了，那你到底该不该买基金呢？如果必须得买基金，要怎么选呢？

不论专家们把基金设计得多复杂，它的本质其实非常朴素，就是一群不懂理财的人把钱交给一个懂理财的人，给他一点管理费，请他帮大家管钱。就好像你去一家非洲餐厅吃饭，看不懂菜单，不知道怎么点菜，最简单的办法就是请服务员帮你推荐个套餐。基金就是一个理财套餐，有专业的基金经理负责分析和搭配，帮你理财。所谓的货币基金、债券基金、股票基金，就等于肥牛套餐、烧鸡套餐、排骨套餐，总的来说算是不太差的理财方式。

但对我来说，我自己从来不买，因为它有很多缺陷。首先基金盘子里的资金总量大，操作起来笨重，我自己的投资收益每年稳定在 30% 上下，很少有基金能达到我的收益。何况他还要加收管理费。

有些基金团队不去磨炼技术，反而多线作战，同时操作多只基金，乱枪打鸟，每个行业都投，没打中就搁置，投中了就留下当作招牌，这样广撒网总有能撒到收益高的，然后就能到处募资收管理费。

思考一下，如果基金公司真的对自己有信心，有把握稳定赚钱，那最好的办法是不是把所有的钱集中起来，用赚钱的手法统一操作？但实际情况是，很多基金经理自己都信不过自己。全国一共有2 135个公募基金经理，却有六七千个基金品种，去年监管部门还规定，一个经理最多不能带超过10只基金，就是禁止他们多线作战。普通老百姓能在公开渠道买到的基金叫公募基金，圈里人都知道，公募经理是给公司打工的，靠工资奖金生活。而普通人买不到的高端私募，经理靠提成赚钱，收入可以比公募经理高10倍，经理们在公募里练好了技术，很多也会自立门户开私募。

所以高手很多都藏在私募里。我见过一个私募团队，募资对象都是山西晋商圈子里的富豪，他们在北京京郊别墅里组了一个4人小型私募，不收管理费，帮投资人赚了钱就抽20%提成，行情好的时候助理都能分到上百万元，但这种基金一般人也买不到。这样一个稳定的赚钱渠道，怎么会到公开市场上发行呢？那碰不到私募门槛，普通人该怎么办呢？

虽然我从来不买基金，但是建议大家要买，因为我自己的收益比基金高，而大部分人没有别的选择。由于全球各国疯狂超发货币，人们手里的钱每天都在缩水。股市是散户的屠宰场，期货是外行的绞肉机，楼市有门槛，银行利息低。这样的行情，普通人投了基金或许收益一般，但是放在银行肯定是亏损。所以，你很难在公开渠道买到顶级高手的基金，但是好在中国市场上的散户比例大，近些年基金收益也还不错，2015～2020年，94%的基金跑赢了大盘，因为我们的散户太多了。

在美国市场里散户比例只有一两成，场面上厮杀的都是大机构，钩心斗角的都是专业人士，而我国市场上散户居然占了一多半，其实这一点我很好奇，普通人知道自己不能跟拳击手比武，不能跟职业选手比赛打游戏，但是到了投资市场上，却都格外自信，人人都敢用真金白银和专业人士较劲，这到底是出于一种什么心理呢？

我内心其实是希望大家继续保持这种奇怪的自信，这样等于我们能一直在新手区玩下去，竞争难度会低很多，赚钱比较容易。但是如果今天你有缘看到这篇文章，我还是想再劝一句，没有系统学习过财经和企业管理知识，就不要随便信投资，专业的事情，尽量交给专业的人做，买点基金算是比较稳妥的选择，特别是它还挺省事。

基金最大的优势不是收益，因为它有时候也会亏钱，但是它真的很无脑。买基金有没有技术？有，但是你不需要弄明白，花点时间认真选定一个基金后，基本上不用经常去看，它根本不是一个用来炒的东西，买基金就是雇人来替你管钱，何必每天还去盯着。基金是普通人理财里最不差的选择，它最大的优势就是不需要很多时间和精力，如果玩个基金还要全神贯注，那不如直接去股市。买基金就是帮你省出时间去赚钱和享受生活，不要指望靠它发财。

什么时候要停止买基金呢？有两个条件，一个是自己的投资水平超过基金经理，特别是如果你在一个行业干了很多年，在业内积累了很多一手的消息和体会，再加上自学一些理财知识，那么在你的专业领域里，你是可以战胜基金经理的。另一个是你的本金要足够大，大到你专心理财产生的收益高于你工作的收益。

这时候才值得你投入精力去理财。如果你账上只有几万元，一年费尽心机才多赚几千元钱，这真的值得你专门去研究吗？

那么，要怎么选基金呢？最本质的道理说起来都不复杂。

理财第一就是要会看人。前面提到，买基金就是把钱交给专业人士保管。那最重要的当然是这个代理人的水平。你不需要懂专业的理财技术，就像你雇一个厨子不需要自己会做饭一样，但是你得会选人。不论你的基金是从银行，还是从支付宝（或腾讯理财）买，这些平台本身和你的收益关系不大，最终操作你的钱的，还是那个基金经理。

记住几条基本的原则。首先，基金经理不能太年轻，管理这只基金不少于五年，不然不光是没经验，而且连历史数据都没有，你根本没法判断其水平高低。之后就是看他的历史收益数据，一个比较靠谱的标准是这位基金经理近五年的收益数，能在所有基金里排名前20%，近两年的收益数据能排到前30%，这就属于基金经理里的优等生，不会出大问题。但是你也千万别买特别爆款的状元基金，因为爆款基金总额巨大，在我看来基金超过50亿元就显得臃肿了，爆款的基金动辄100亿元的规模，业绩肯定受影响，而且爆款团队会被其他公司挖人，跳槽方便，人员变化大，也会影响收益。基金太小也不行，总额要买2亿元以上的。

如果你有空的话，还可以看看它们最大的亏损幅度，有些基金长期是赚钱的，但亏钱的时候损失格外多，如十年前华夏大盘基金，领头的某王姓经理，号称公募基金一哥，很有牌面，结果自立门户干私募，带了9只基金，收益是八亏一赚，一塌糊涂。这种也得排除掉。

选基金不是谈恋爱，不能在一棵树上吊死，要买就三只起步。

如果你实在很懒，连选人都不想选，更简单的办法是买

ETF 指数基金，指数基金的意思就是所有的股票都买点，一次买三五百只，没有技术含量，所以管理费很低，这是股神巴菲特最推崇的投资方式，实际上，美国市场上看二十年长线收益能战胜指数基金的基金经理只有 14.6%。

A 股大盘不争气，但是指数基金仍然是个好选择，具体操作就是股票跌到两千多点，网民都在编段子骂股票的时候，你就去买点指数基金放在那儿，然后把手机里的基金软件删了，忘记这件事情，等哪天所有人都开始谈论股票，大爷大妈都进场的时候你就把指数基金卖了，等下次股票下跌的时候再重复以上步骤，稳赚不赔。

指数基金就是这么一个潇洒的理财方式，选择的方法很特殊，每个人都得根据自身的情况来选择，具体方法就是看你的信仰，这虽然是个玩笑，但是意思没错，买指数基金本质上就是相信经济整体会进步，人类会进步，而不是针对某个具体企业的投资。我有工夫去选这个玩意儿还不如多跟甲方谈谈心，提升一下赚钱效率。

另外，基金千万不能玩短线，努力操作不能带来更好的收益，性价比最高的方法反而是门锁死钥匙扔了，半年一年内就当没这笔钱。

总结基金理财的三句口诀：

> 莫看平台只看人，五年连胜手艺成。
> 大盘下沉随手买，指数不必费心神。
> 基金入手院里埋，市场专宰有情人。

（2020.9）

基金经理最害怕什么

既然基金经理那么会炒股，他为什么不去给自己赚钱，要去帮你管基金呢？这个问题，所有买基金的普通人，多少都有点疑惑。

大家第一反应可能是，工资高。确实有这一因素，但这不是主要原因。基金经理在一开始，自己的资金量并不大，如家里就200万元，一年涨50%也只能赚100万元，而且达到这个回报是很难的，大部分人能有百分之二三十的收益已经算很不错了。他们去基金公司上班，一年工资几百万元，而且干得好还有大额奖金。等于如果你没有5 000万元左右的自有资金，那还是去基金公司上班更划算。而且当基金经理风险还小，拿自己的钱去炒股，亏了还要心疼，帮别人炒股，风险无非是业绩差点。

但其实普通人多少有点误会基金经理的工作。基金经理炒股跟普通人不一样，不是坐在电脑前一坐就一天，从网上搜搜新闻就开始炒了。基金经理需要的不光是金融知识，而且也需要管理能力，他手下有助手，有研究员给他提供信息，有风控员给他做风险评估，然后基金公司每年会花很多钱买研究服务、电话路演、咨询报告、投研信息等，这样可以第一时间得到最新的研究资源，帮助他去做决策，这种大量高品质的数据，个人投资者是买不起的，一年动辄几百万元的数据服务，光这个成本就必须由一个足够大的机构来承担。

基金经理真正擅长的能力是怎么用好这些数据，而不是在一无所有的情况下空手去打猎。所以，本质上，好的基金经理，工作内容不是简单地炒股票，而是整合资源。

另外基金经理还需要懂销售，大盘跌的时候他得能安抚投资者的情绪，大盘涨的时候他得有办法宣传自己，因为基金机构的目标不是帮你赚钱，而是让基金规模变得更大，帮你赚钱只是他完成自己目标的一个手段，但不是唯一的手段。所以对基金经理来说，炒股票只是他很多技能中的一个，光会炒股是当不好基金经理的。

然后这帮人都有一个共同点，就是好胜心强，喜欢赢，喜欢在排名上面战胜对手。我问过几个比较头部的明星经理，说现在中国2000多个基金经理里面，有多少你们觉得是专业的呢，好几个人给的答案是，大概也就1%。等于一共只有大概20个基金经理是他们圈子里比较认可的。如果真是这样，那稍微差点的基金经理，自己回家炒股还真不如上班合适。

我只能说这么多，并不代表我本人观点，也不是个别基金经理的观点，这是好多业内人共同的认知，我以前不知道原来这个行业这么内卷。所以也就解释了最近一年来的一个明显趋势，叫机构散户化，现在除了一小部分优质基金保持着自己的态度外，有一些基金正在开始发生微妙的变化。

基金最害怕的不是股票跌。钱又不是它的，它怕什么呢？它真正在乎的只有一件事，是大家把钱拿回去，不再购买基金。

你的收益是靠基金经理帮你炒股来获得，但基金公司的收益不是，它靠的是收你的管理费，所以不管是涨是跌，只要你还没走，它就还有钱赚，就不慌。怕就怕跌了之后你赎回了。

但是最近几年，有一个行业把基金之间的竞争加大了，那就是移动互联网。主要因素有：首先，普通人看到的信息更多了，而且，随着自媒体的发展，大家的信息来源越来越极端，因为做自媒体都有极端化的趋势，早些年纯靠标题来吸流量，现在高级一点了，是把内容变得比较极端粗暴，要么跟你说市场马上要崩盘，要么告诉你市场下礼拜就要暴涨，大家每天听到的都是这样的消息，因为平淡的声音没有流量。

如果我理智客观地说——其实从长期来看，没有什么过不去的经济危机，你只要不上杠杆，尽量不生病，那么，再大的经济危机两三年就会好转，而且每个人的人生都会遇到好的周期和经济下行的时段，没那么紧张——这么说可以，但是这样说根本没人看。

所以现在普通人每天被极端信息包围着，就很冲动，现在买基金的人也很少有能一拿几年的，都是情况不对赶紧跑。而且手机操作比以前方便，这就更加剧了基金的危机感。一个风吹草动，大家就踩踏着往外跑。

所以，现在基金越来越像散户，这就是机构散户化，不敢长期持有。他们不知道价值投资才是正确的吗？他们都知道，但一转身还是得继续去追市场的热点。为什么？因为如果价值投资，走自己的路，需要时间验证，在这个过程里谁敢保证一点都不下跌呢？这时候万一跌了，客户就会以为是基金经理自己能力不行，不光散户没耐心，就是有些投资其他基金的基金也没耐心，大家都没耐心，根本不给你亏钱的机会。

但是投资怎么可能永远赚钱呢？不可能不遇到下跌的时候，所以基金经理都需要一个理由来留住客户，如果基金经理随大流、追热点，跌的时候就好解释，所有基金经理一起背锅，那是市场的问题，不是基金经理能力的问题。客户怪也怪不到自己头上。这件事离谱到什么地步，有阵子去看有些教育主题的基金，前十大重仓股都是新能源和芯片，还有互联网基金全集中一起买白酒相关的股票。

这能怪这些基金经理不老实吗？说实话，我完全理解他们，因为如果是他自己的钱，亏了30%，只要他看准了好股票，他就会继续买，越跌越买。但是拿着投资人的钱，大家可没有那个耐心，你敢亏这么多，人家直接退场，根本不再跟你玩了，你等不到价值兑现的时候，所以对于基金经理来说，哪怕明知道长线能赚钱的股票，只要短期内会有风险，他也不得不躲开。经济的背后是政治，政治的背后是历史，历史的背后是哲学，哲学的背后是人性。

我觉得，在买基金的时候大家还要考虑另外一件事，就是基金经理如果已经证明过自己，甚至已经赚了不少钱，那他可能在做决定的时候会更从容一点，不会被民意绑架。而那些初出茅庐，还没有立住自己招牌的基金经理，有时候其实怎么投资也由不得他自己，必须哄着这些购买基金的投资者，确实也不容易。

有人说，在中国投资理财，根本就不适合价值投资，因为中国市场本身不认可长期价值。

中国没有价值投资，这句话有一点道理。因为中国过去三十年发展太快，不论是企业还是股市，沉淀的经验都太短，按五年一轮价值投资算，一共也没几次验证的机会。而且早年中国企业的产业链都很低端，干的主要是脏活累活，没有什么全球知名大企业，不光鲜，不体面。这两年国货才刚刚开始冒头。

再加上，中国市场散户为主，散户的钱不多，你告诉他你用3万元，一年赚了3 000元，对他来说没有什么吸引力，大家就喜欢听三年2倍、五年8倍的故事。一年赚3 000元这种事，改变不了每天上班的现状，不能让他做暴富的梦，所以不刺激，不喜欢。特别是2021年，热点轮转特别快，追热点追得热热闹闹的人，都赚了不少钱，反而那些坚守价值，长期拿着不动的人，手里的基金股票半死不活，看着别人赚钱，只能眼馋。

所以这就出现了一个很有意思的情况，A股市场，有大量每年赚很多钱的上市公司，估值极低，市盈率严重低估。

但是，这件事预计很快会出现转机。现在房地产已经冷静下来，各国的印钞还没停，国家大力发展公募业务，股市极有可能像房地产一样，成为下一个十年的财富指标。那么选择优质的公司，在低估值的时段买入，并在基本面变化的时候能调整，就会有机会，找到类似过去买房一样的成长。所以，我坚定地相信，接下来是价值投资的时代。

（2021.11）

小白买基金如何不亏钱

都说基金定投风险低,为什么你还在亏钱?基金新手亏钱会遇到哪些坑?基金定投到底合不合理?

大家都知道,基金是把钱交给别人来管,我之所以推荐新手买基金,不是因为基金不会亏,而是因为炒股的话,普通人亏得会更多。

在行情好的时候,有时候会出现一种声音,说基金定投是一种最无脑的赚钱方法。

先说我的结论,基金定投是一种最不坏的理财策略,但是你一定要掌握技巧。我在以前的内容里也提到定投的好处,最大的优点是省心,不需要占用太多精力。但是想一想,这个世界上有没有可能出现一个东西,它既不看学历,又不看经验,也不需要花时间,也不用动脑子去研究,甚至不需要讨好任何人,只要按时投资就能有稳定的高收益?

有人为了流量,夸张地说定投能做十年10倍。十年10倍是什么概念?那就是要每年稳定收益26%,还得是复利,最近十年,巴菲特的年化投资收益率约为9.24%,而你只要动动手指,收益就能超过巴菲特近3倍？

这种事情你都能相信，等于说专业投资机构都是智力残疾，这怎么可能呢？专业机构为什么不定投呢？

所谓的基金定投，是通过每个月固定买入，不去计算具体时间，跌了继续买，等待基金涨起来再卖掉。这样做其实也有点道理，因为基金有涨有跌，跌的时候你就不管，闭着眼睛买，总会涨起来，不可能永远跌吧。按他们行话叫作微笑曲线，就是跌的时候你买，越跌越买，买到涨起来为止。

这么听倒也没大毛病，但是万一你买在了高位，涨得又慢，就算涨回来了，时间太久了，平均到每年，收益也没有多少。

我简单地算了一下定投收益，以沪深300ETF为例，每个月1号定投一次，如果无脑定投的话，坚持九年，年化收益是5.43%，坚持五年，年化收益是5.27%左右。而且最近股市有震荡，这个比例应该还会降低。

很多财经博主会举例，说股神巴菲特都说买ETF获益不少，长期持有就有高回报。这是废话，因为巴菲特拿的是美股，美股近十多年，一路在大涨，从2008年的7 000点，一路涨到2021年的35 000点，如果十年前你买了美股指数，拿到现在一直没卖，每年年化收益可以高达14%。

但是A股不一样。A股指数收益，年化只是五点多，不能算太低，但也绝不算高，中间还起起落落，让人害怕。如果你万一在2015年高点买了大批指数，现在可能还没回本。

那么，中国指数就不能定投吗？我觉得也还是可以的，但是要讲方法，不是无脑定投。

基金定投是理财科普里最容易被绕进去的一个理财手段。但是财经博主都很喜欢推荐它，第一，因为长期持有确实可以赚钱，虽然没有他们说的那么多。第二，如果你割肉了，也怪不到别人身上，毕竟推荐给你的时候说过要长期持有，至于长期究竟多长，当然是不亏了就够长了。第三，巴菲特也说基金定投是有效的，但人家说的是美股，美股指数定投确实收益不错。但是美股现在是大顶，可能已经不是入场的好时机。中国的财经博主之所以跟着喊定投，是因为就算错了，跟股神一样错，那也有面子。第四，最主要的，也有可能是其他博主确实没别的东西可以教了。

定投的长期收益，大概是 7%，并且在过去的几年出过 30%以上的回撤。非常考验普通人的忍受力。

但是你定投亏钱，还真不能怪这些财经博主，主要还得怪自己。因为投资是一个周期非常长的行为，普通人生活里有很多其他东西，如工作、生活、社交、娱乐，不是每个人没事就整天关注财经新闻。所以大部分散户去做定投的时候，都是因为听说有人赚钱。

这个时间点非常微妙，作为一个普通人，忽然有一阵子，陆陆续续听说身边有人理财赚了钱，这个时候实际上就意味着，整个市场的交易量和价格都已经在很高的位置了。此时去网上看教程学口诀，回来跟着同事去定投，那纯粹就是接盘接在了最高点。

如果你平时并没有理财的习惯，突然去理财，肯定不是无缘无故来了兴致，而是市场有了赚钱效应，吸引了你。而当这种赚钱的事情开始大范围发生时，有经验的投资者就知道，这已经到了要撤退的时候。你倒好，高手都在往外走，你却兴冲冲拿着工资就开始往里冲，你是最美逆行者？

举个例子，从 2014 年 4 月末到 2015 年 5 月末，上证指数从 2 026 点一路冲到了 4 441 点。牛市之前，单月基金新开户数只有 30 多万个，冷冷清清，而 2015 年 4 月，市场高点了，单月基金新开户数变成了 520 万个，是之前的近 20 倍。随即转头，A 股急转直下，两个月拦腰砍了一半。当时这520万个新账户，可能到今天都还没回本。

资本市场不是慈善机构，当市场出现广泛的赚钱效应，其实是一种过热的表现。理财千万不能心血来潮，市场火爆就冲进去，市场低迷就不看，这就完全弄反了。

所以真正靠定投能赚钱的，是市场冷淡时入场的那30万人，而你更有可能是高点开户的500多万人里的一个。

那么，究竟什么时候要开始定投，现在是不是定投的好时机呢？作为普通人，定投怎么玩？

基金定投虽然被大家高估了，但也不是不能赚钱。指数基金定投真正对你有用的，不是什么无脑投资、无脑赚钱，而是它简化了投资思考的重点。

正常买基金，有三件事要考虑：第一，什么时候买；第二，买哪只基金；第三，什么时候卖。

如果你无脑去做基金定投，连这三点都不考虑，那就是靠天吃饭，我们中国经济在发展，时代在进步，指数肯定早晚能涨上去一些，确实也能赚点。但这样的投资，收益就跟买银行固收产品差不多。

实际上，好的指数基金定投，就是把三件要考虑的事情，简化成一件。

什么时候买，不用考虑，就选在每个月发工资的固定时间去买，买了就放那儿。

买哪只基金，也不用考虑。选择基金经理是个挺复杂的工作，而如果你买指数基金，就等于省去了这个步骤，指数基金就是大盘的点数，没啥需要操作的。这就跟去吃麦当劳汉堡一样，厨子是谁、到哪家去吃，都无所谓，都是标准化的食物。所以，挑基金经理的步骤可以省掉。

最后,只剩一件事你要仔细考虑,那就是什么时候卖。这个才是基金定投真正能够战胜大盘的重点。

这里面门道很多,举个例子,有个策略叫止盈法,就是你设定一个赚钱目标,如20%,然后你决定要开始基金定投,去找一个不那么火热的时间,大家都在编段子骂股市,甚至低到3 000点附近的时候,你就开始每个月去买,涨了也买,跌了更买,越跌越买,因为你在跌的时候买,实际上是在把整体的成本摊平。

好了,过去了一年、两年,中间有起有落,你就只做一个买进的动作,直到有一天,下班后你无意间打开手机,看到指数涨得不错,综合一算,你已经赚了20%,你心里一动,此时不论它涨势再好,再怎么诱人,大家再怎么喊还会涨,你一定要头也不回地卖掉,卖完了也别跟别人比,因为你肯定不可能卖在最高点,它后面还会再涨一波。不过没关系,那就不该是你赚的钱,没啥心疼的。

基金定投要掌握的,不是无脑一直买的技巧,而是在该卖的时候果断撤退的决心。想靠基金定投赚钱,就必须追跌杀涨,杀伐果决,不能有任何怜悯和迟疑。平时大部分时间你要忍受平淡甚至亏损,然后好不容易开始赚钱,一旦完成既定目标你又要果断离场,等待下一次机会,这东西考验的不是你的技术,而是你的心狠不狠。

最近不少人坐地铁,都看到支付宝的广告,上面讲的也是这些逻辑:放长线钓大鱼、多买几只分散风险,并且坚持定投。之前我就说过,理财不怕亏钱,特别是钱还不多的时候,但亏了之后,一定要学点东西,有所收获。

(2021.8)

一语道破，保险秘密

几乎所有买保险的人都在瞎买。

准备这篇内容，是因为我看到了一个数据，据统计，保险行业销售总人数居然突破 1 000 万人，当时我看到这个数字的时候，一度以为自己眼花了。1 000 万人是什么概念？全中国的公务员，负责全国所有的行政工作，他们的总数不过 700 多万人，卖保险难道比管理国家还难？

去年，全国 74 家保险公司，销售提成 2 167 亿元，广告和管理费 2 285 亿元，你交的保费，有近一半是销售成本，用来赔付和理财的钱很少。

所以，保险到底还要不要买？

要我说，必买的保险大概有一两种，另外需要酌情购买的，大概有两三种，本篇就来谈一谈普通人买保险的方法。

先说几个平民百姓最容易被忽悠的陷阱。第一个，是为小孩买寿险。很简单，凡是你看到保单上有给小孩保人寿保险的，百分之百是在坑你，卖这种产品的保险公司毫无职业道德。

父母爱孩子，总想把最好的东西都给孩子安排上，补习班、营养品也就算了，安排人寿保险就是典型的瞎投保。所谓人寿保险，是被投的人去世后，活着的人能领一笔钱，给一个活蹦乱跳的孩子投这个，有什么用？你要真的担心他，应该是给自己买个保险，受益人写孩子。人寿保险一定是给家里收入的顶梁柱买，他万一有个三长两短，去世后仍然能照顾家庭。更何况，我们国家为了保护未成年人，防止某些丧心病狂的父母杀子骗保，特别在保险法里规定：

> 未成年人的身故保额，10 岁之前，不得超过 20 万人，10～18 岁，不得超过 50 万人。

国家根本就不鼓励给小孩买寿险，因为孩子去世带来的伤害是精神上的，不是金钱上的。

给孩子买的保险，我唯一的建议就是医疗险，生病能去私立医院，用好药能报销，最多再加上意外险，孩子一年保费在两三百元即可，贵一点一年一千多元即可，超过这个数就不合理了。给小孩买一年七八千元的保险，真不如多买点进口牛奶给孩子补补身体。

所以家庭保险第一陷阱就是小孩买大险，保险公司动不动就宣传大家要拿 20% 的收入买保险，这就太过分了，自己平时注意存点钱，保持社保，再配上基本医疗保险，几乎没有啥过不去的难关，根本没必要买那么多商业保险。

第二个陷阱，凡是告诉你能赚钱的保险，都不能买。保险的本质是消费品，普通人根本不应该用保险来理财。普通人的保险，只需要买三个基本险种就足够了，但如果大家都不被忽悠，保险销售就会饿死，所以他们就通过各种数字游戏去推销保险理财的概念。有人炒股发财,有人中彩票发财,但听过有人买保险发财吗?这种一般都是非死即伤。

保险理财不光保障差,主要还有三个大缺陷:

第一,收益低。不论是分红险、年金险、返还险,还是别的什么名头,反正告诉你有病治病、没病返钱的,都差不多。

保险销售会拿一个表格,告诉你十年八年就回本,三十年能翻1倍,各种算法听着非常高级,但其实把这些收益年化算一下,每年回报率也就是2%上下,基本等于银行储蓄,连通货膨胀都跑不赢,买国债都比它收益高,何况现在年化5%的理财产品到处都有,为什么你要到保险公司去理财呢?这就像到拉面馆去吃汉堡,能吃到正宗的吗?

国家对保险业的管理非常严格,对它的投资限制非常多,保险公司投资都是低收益低风险的类型,国家给保险行业的定位就是稳定不出乱子,也就是说,法律都禁止保险公司做高收益的投资,它怎么可能有钱来给你很高的回报呢?保险公司自己的投资收益也就是五六个点,再扣掉各种手续费和运营成本,留下利润,能剩多少给你?

而且,保险公司给你钱算复利,到你年老之时,才能吃到利润,几十年后物价翻了几倍,那点钱根本不值钱了,你一把年纪了拿着钱干吗呢?

这就是保险理财的第二大缺陷,回报周期长,流动性差。收益稍高的保险理财,封闭期都很长,提前取出来血亏,需要用钱的时候又拿不出来,本质上就等于你没有这笔钱,到老了给你一大笔钱。

有一个专业叫精算师,就业的主要方向就是保险公司,他们专门负责帮保险公司计算怎么赔付可以省钱。其他的投资机构算计的是市场，保险公司的精算师算计的是消费者，所以，掂量一下自己，能不能从他们那里占到便宜。

保险理财的第三个缺陷就是不透明，很大一部分收益来源于所谓的分红，买之前告诉你赚了钱会给你分红，但是具体分多少，怎么分，什么时候分，是看心情。

中国有 1 000 万个保险销售人员，肯定有看到这条想要反驳的人，理财类保险划不划算你自己心里清楚，你手里几百元钱一年就足够用的保险藏着不让人知道，就是因为理财险提成高，佣金多，保监会主席曾经说过，"不卖理财产品，保险公司不好发展，光卖理财型产品，这个行业安身立命的基石也被动摇了"。说得很隐晦，但意思就是理财型保险就是不伦不类，最后保障也不好，收益也不高。

想来辩驳的保险销售，我先不说你立场是否客观，就凭保险公司入职培训时候用来"洗脑"的那点话术来跟我杠，你有把握吗？值得买理财险的只有一种人，就是富豪。有些富豪会把钱交给保险公司，死后转交给继承人，用来规避遗产税和赠予税。

除此之外，想理财赚钱就出门找专业的理财机构，保险就应该做保险分内的事。不能买理财保险，那应该买什么样的呢？

保险公司跟黑社会的话术很像，"你很爱你的老婆孩子，你也不想他们出事，对吧"。

但其实这句话，才真正说出了保险的本质。就是单纯地为小概率事件做一个兜底，根本不值得花太多钱，更别提做投资了。普通人一年几百元钱保险足够。

买保险，只需要记住三个诀窍，第一个诀窍，尽量先覆盖家里的经济来源，谁赚钱多就给谁买。大人赚钱，就多配点，老人孩子不赚钱，就少买。你身上责任大，保险就要多，这样你倒了仍然可以照顾家人，确保家人生活不至于陷入贫困。特别是意外险、重疾险和寿险，给家里的顶梁柱买上。小孩反而不太需要。

第二个诀窍，是每一个人都应该买一份医疗保险。这是唯一一种我推荐人人都买的保险，一年两三百元，生病了不怕没钱治，有余力的再搭配一个意外险，一年一百多元，加起来五百元以内可以把绝大部分隐患解决掉。保险公司根本不宣传这两种保险，因为这两个保险亏钱，但是这才是对普通人最实用也最需要的险种。甚至还有业务员骗人说医疗险不能单独购买，这就是营销套路，千万别信。

买医疗险，有几个项目必须包含，门诊可以报销门诊手术、门诊恶性肿瘤和肾透析，门诊外可以报销ICU和复查项目，不用懂为什么，按这个选即可。一年花这两三百元，性价比极高，可以覆盖最多几百万元的医药费。

第三个诀窍，尽量单独买、线上买、比着买。现在各行各业都是一分钱一分货，很少出现价高质次的情况，但是保险行业是个奇葩的例外，因为这个行业故意把产品设计得极为复杂，让普通人很难轻易地横向比较，因此还是有很多瞎报价的产品，同一个保险，可以相差好几倍。一般来说，几个险种分开单独买，甚至在不同公司买，会拿到更好的价格。

现在线上保险价格比线下低廉得多，就说保险老七家（国寿、平安、太保、泰康、新华、人保、太平）每年铺天盖地打广告，保险业一年大概要投入两三千亿元广告费，再加上给销售人员的提成、公司的场地运营等，线下的成本比网上贵了3～4倍。

但是，广告打得再凶也没意义，保险行业只有小品牌，没有小公司。我们国家对保险业的监管可以说是全球最严的，要求股东必须身世清白，而且净资产不得低于2亿元。能开保险公司的人都有相当强的实力，而且不论是大公司还是小公司，法律规定，出了事国家通通兜底，充分保障广大投保人的利益，所以无须担心，放心购买。有时候反而小公司为了吸引客户，保费还会略便宜，核保也会相对宽松一些。

总结起来，保险根本不要多买，一共就三句口诀：

> 谁多赚钱给谁上，生死房贷都不忘。
> 医疗保险人人有，三百一年横着走。
> 少信广告多问价，保险不分大小家。

（2020.11）

保险防割技巧

本篇来更加具体地聊一聊保险防割技巧。

保险,一直是个人资产配置里重要却最容易被忽略的一环,大家都知道要买,但是真正了解的人很少,大多都是稀里糊涂买个心理安慰。保险的作用是购买未来,提升财富的安全感,这是其他金融产品做不到的事情。

还是那句话,保险不要瞎买,因为真正有价值的保险就四种:医疗、重疾、意外、人寿。医疗算是个必选项,其他的三种还要谨慎考虑。

医疗险是生存保障,这里不多说,有条件的人,一定要花几百上千元买一个基础的百万元医疗险。重疾、意外、寿险这三种挑着买,除此之外其他保险,普通人根本不用考虑。

先说重疾险,重疾险跟医疗险听起来很像,其实完全不是一个东西。医疗险是你生病之后,报销你治病的医疗费,是你要付给医院的钱。重疾险跟医药费无关,而是生病之后直接给你一笔钱,你自己拿去维持生活也行,花天酒地也行,打赏主播也没问题。等于一张癌症彩票,只是中奖也就等于得了重病,不知道该不该开心。医疗险和重疾险可以同时生效，得了病两边同时赔，医疗险负责治病，重疾险负责花天酒地。

但重疾险有时候挺不靠谱的，说起来是确诊即赔，实际上真的确诊即赔的病就三种：恶性肿瘤、三度烧伤、肢体缺失。都是一眼就能看出来的毛病，其他不明显的病门道就多了。

比如，早期癌症是不赔的，癌细胞扩散了才能赔，那你查出来癌症早期，敢不敢为了保险金放着不治，等着它扩散呢？

类似的还有中风，中风症状够明显了，但也不是确诊即赔，要等180天之后人还健在，才能赔偿，万一没挺住，重疾就不赔了，直接找寿险。你不能死，但也不能完全没事，四肢之中起码要有一肢丧失功能，才能赔付。这对中风患者技术要求太高了。

跟重疾险类似的还有意外险。

保险公司最赚钱的保险就是航空意外险，全球空难的概率是四百七十万分之一，中国的概率更低。

意外险很多只保全残不保伤残，一字之差，区别很大。属于全残的只有八种情况（全残的定义）：

（1）双目永久完全失明；

（2）两上肢腕关节以上或两下肢踝关节以上缺失；

（3）一上肢腕关节以上及一下肢踝关节以上缺失；

（4）一目永久完全失明及一上肢腕关节以上缺失；

（5）一目永久完全失明及一下肢踝关节以上缺失；

（6）四肢关节机能永久完全丧失；

（7）咀嚼、吞咽机能永久完全丧失；

（8）中枢神经系统机能或胸、腹部脏器机能极度障碍，终身不能从事任何工作，为维持生命必要的日常生活活动，全需他人扶助的。

大部分意外险伤残只赔10%。全残才能理赔，有些情况不如直接去买寿险。

具体什么样的人适合什么样的保险呢？买保险最简单的办法是什么呢？

保险销售的工作主要就是吓唬你。按他们的说法，这个世界充满了危险，案例全是癌症、一病不起、车祸、英年早逝。毕竟普通市民买保险最大的动力就是害怕。经常有保险销售员说，家庭应该拿出20%的收入买保险，这种建议直接拉黑。保险的本质是一个概率游戏，你得从数学层面上找到合理的选择。

不能老拿极端情况来吓唬自己。

现在的人非常没有安全感，年轻人动不动就担心自己会失业，躺在床上怕猝死，身上一连串的责任压得喘不过气。因此合理分配保险，给自己一份安全感，是提升生活质量最快的方法。

大原则是保险支出不能超过你收入的10%，具体怎么把这些钱分配好，尽量多覆盖你会遇到的风险，才是最重要的。

最适合买保险的人，是家里的支柱，负责主要收入来源。一般这位的医疗、重疾、意外、人寿能上的尽量都上，毕竟上有老下有小，出了事连累太多人。

在一、二线城市的朋友，医保报销比例普遍很高，基本在70%~90%，这种情况下，你的商业医疗险可以适当少买一点，有很多病本来就在医保范围内，不要买重。多花点钱买重疾险和意外险。三、四线以下的城市医保报销比例差一点，所以医疗险一定多买一点。买保险之前先弄明白自己的五险一金。

然后，意外险不要买范围太广、时间太长的产品，一是太贵，二是没必要，完全可以一年一年买。如果有了医疗险，那买意外医疗的意义也不大。老人要记得买上一个骨折险，工作压力大可以加一个猝死保障。

买重疾意外险时，很多都会问你要不要顺便买身故保障，我的建议是直接买寿险，不管病死、意外死，定寿全都可以赔。

以现在的医疗条件，大多数重大疾病和意外都不是绝症了，但是没有钱，就危险了。

保险怎么买，有几个要点。

第一，别买理财型保险。

恕我直言，买保险理财，不如你单独买保险再单独买理财。保险就是个消费品，买保险最好的结果就是买完你就当这笔钱给菩萨上香了，别想着还能赚钱。

唯一适合返还险的就是储蓄习惯非常差的人，当作强迫自己存钱。

这也是提升财务安全感最笨的方法，自己没法合理安排，就用一些方法强制自己管理资产。这样的人还是少数，大多数人对于财务安全感的要求会更高，但是风险不可避免，我们只能通过更加细致的保险规划来转移这部分风险。

第二，寿险建议挂钩家庭债务，如果你有 500 万元房贷需要三十年偿还，你就反过来买三十年 500 万元的定期寿险，确保你一旦突然遭遇不幸，银行贷款不会断，家人不会没地方住。家人孩子也不至于背上巨额债务。

如果没有债务负担，那就保到退休，寿险的本质是保护你赚钱的能力，你没有能力赚钱了就没有买寿险的价值了。

第三，一次赔付的保险，保额一定要大。

特别是重疾险和意外险，合同里面什么保终身、多次赔付的条款你不懂也没关系，保额是一定不能妥协的。

买重疾险，至少 30 万元起步，低保额的不如不买。2020 年中国人均可支配收入大约3万元以上[①],一般重疾的治疗康复周期在三年到五年,孩子的学费、房贷、生活费,加上自己的护工费,一年就要花好几万元。

一旦住院,就等于已经背上了未来几十万元的债务,所以30万元是一个非常基础的保障额度。我建议大家最好选择50万元到100万元的保额。就算现在预算有限,也先把保额做高,将来再考虑加保。

意外险也是一样,50万元起步,100万元标配,否则就不买。但是老人和小孩不要买多,意义不大。

第四,趁身体好的时候买。

现在很多人最怕看自己的体检报告,一项项红字触目惊心,只能当鸵鸟假装没看到。我劝大家早点买保险,年轻的时候身体健康,核保容易又便宜。身体出了问题,再去买就要看保险公司的脸色了。不要以为年轻就没事,我国重疾发病率的平均年龄已经提前到了40岁,癌症是到了35岁。以前你住院的邻床可能是老年人,现在邻床的都是同龄人了,聊天都没有代沟。

而且要提前给自己做好充足的财富积累准备,年轻人的财务安全感不一定取决于存款多少,而在于你对自己财富的把控,做到财富自律,养成记账、理财的好习惯,才能真正给自己和家人安全感。

这几个技巧希望大家记住,但是也希望你买了保险,全都用不上。

(2021.1)

---

① 数据来源:《2020年全国各省市城镇居民人均可支配收入排行榜》。

人类天性和炒股盈亏

普通人炒股亏钱,主要原因不是技术差,而是我们身上有一些动物属性,很容易被利用。那么,你天性里的哪些弱点会让你亏损巨大呢?调整的方法有哪些?

根据上交所的公开数据(见表5-2):

表5-2 A股散户亏钱机构赚钱[①]

账户	总收益(元)	择时收益(元)	选股收益(元)	交易成本(元)
散户10万元以下	-2 457	-774	-1 532	151
散户10万元~50万元	-6 601	-3 018	-2 443	1 140
散户50万元~300万元	-30 443	-15 558	-10 171	4 714
散户300万元~1000万元	-164 503	-80 767	-65 269	18 466
散户1000万元以上	-89 899	-411 584	402 271	80 577
机构投资者	13 447 655	-4 176 872	18 074 792	450 265
公司法人投资者	23 440 904	-14 766 355	38 244 620	37 361

资料来源:《2019上海证券交易所统计年鉴》。

---

① 数据为2016年1月至2019年6月单个账户的年化水平。

过去三年里，投资 10 万元以内的小散户，在股票里平均亏损 2 450 元，投了 10 万元～50 万元的，平均亏损 6 601 元。投了 300 万元～1 000 万元的大散户，平均亏损 164 500 元。赚钱的只有投资机构，机构的平均收益是正的 1 344.7 万元。A 股的钱都让专业机构赚了，不论多有钱，只要你是散户，普遍都是在亏。

机构能赚钱而你不行，跟能力的关系并不大，我们会亏钱，主要原因是我们是人，而投资是一件反人性的事。

投资市场里遇到的问题，和我们人类进化过程里遇到的问题完全不同。老祖宗从猴子开始，几十万年形成的习性，是为了让我们在深山老林里采果子活下去，根本没有准备好面对投资的风险，所以我们天性就不适合投资。

那么，哪些天性会让我们亏钱呢？

第一个，是我们会逃避自己解决不了的问题。这是一种心理防御机制，是一种本能反应，在自然界可以帮助我们远离危险，在生活中也很正常，但是这种防御机制不适用于投资交易。都说散户喜欢追涨杀跌，其实如果真的能做到追涨杀跌，是能赚钱的。问题是大部分散户，追涨可以，杀跌太难。涨的时候大家都是股神，一旦出现下跌，当你意识到自己改变不了局面，本能地就会想逃避，心理防御机制就会启动。逃避有很多种形式，有人是假装无所谓，有人是干脆不再想这件事，觉得只要我不卖就没亏，躺好了装死，期待哪天能涨回来解套。散户喜欢装死，就是作为动物的一面在影响。

根据中国证券投资者保护基金发布的《2019 年全国股票投资者状况调查》，能够果断认赔卖出的投资者只有 16%，而装死和骗自己没亏的投资者有 20%。可以看出，需要用意志力对抗身体激素，难度很大。

这种心理，庄家其实都很清楚，股价炒上去了你就会跟，亏了你就经常舍不得割肉，宁愿被套着，也狠不下心去卖。预测散户比预测股市容易得多，所以受伤的总是散户。

第二个让你亏钱的天性叫自我合理化。

承认自己错了是很痛苦的，为了不承受这种痛苦，人宁愿骗自己，这就叫自我合理化。当现实和想象的不一样时，你就会出现认知失调，就会骗自己，说服自己。职场和情感的PUA[①]就在利用这个心理。

PUA是通过打压你来控制你，老板也好，对象也好，你认为对方是权威，是为你好，但他总是打压你，就会让你出现认知失调。现实和认知不一致，这时候你就会给对方找理由，说服自己，说他这么做肯定是为了我好，肯定是我有问题，所以他才骂我，开始自我贬低，然后还给自己"洗脑"，去强化这种认识。这种PUA，就是利用人们自我合理化的天性。

生活里如此低级的PUA都有很多人中招，等进入投资领域那种无情的气场，一般人更是反抗不了。买进去的时候你判断肯定会涨，心理准备一百个股票上涨的理由，非常坚定。越是坚定，越是无法否定自己，一旦股票下跌，你不可能承认自己错了，只能安慰自己这只是短暂调整，肯定还能涨回去，自己给自己找理由，把这些操作合理化。根据《2019年全国股票投资者状况调查》，购买后立即亏损10%～30%的股票，特别容易让投资者焦虑，失去最珍贵的理性，从而不愿意听关于股票的坏消息，然后有一点点好消息就坚信不疑。

你下意识地开始骗自己，还因为现实跟你的认知发生了冲

---

① 一方对另一方进行精神层面的控制，使另一方感到巨大的心理压力。

突，让你很痛苦。有个成语叫忠言逆耳，就是古人发现了这种自我合理化的心态。认知失调是很可怕的，为了逃避它，有的人骗自己，有的人产生幻觉，还有的人甚至能分裂出新的人格。而在分秒必争的投资市场里，它一定会影响你的操作。

第三个散户常见的天性，是频繁操作。

在人类进化的大部分时间里，勤劳和努力是创造财富的基础。所以我们天性就认为勤劳是对的，不劳动是错的。但是投资市场刚好相反，冷静淡定，越是长线越容易赚钱。散户特别在乎参与感，行情有了起伏，总想做点什么。我国A股散户比例全球领先，大家都很勇敢，真金白银就跟机构正面比拼，同时我国散户的交易换手率在300%～500%，也是全球领先。但是，勤劳致富在投资市场里真的行不通，我曾经看到过有些朋友5万元炒股一年，硬是操作出500万元的交易量。

就是因为散户的这些天性，国家为了保护大家，在新建的科创板设立了50万元的准入门槛，其实这就是国家慢慢想劝退散户的开始。

只要你还是个有感情的人，你就干不好投资。能赚钱的机构，靠的都是无情的交易策略。那机构是怎么克服天性的呢？我们要怎么做呢？

机构之所以能不断赚钱，不光是因为技术好，更是因为机构没有人类的感情。首先机构不受情绪影响，同时还能利用你的情绪赚钱。你炒股的时候，心跳会加快，血压会升高。而机构投的钱首先不属于自己，具体操作的人不承担全部后果，加上他们会事先制定好策略和纪律，不讲究随机应变。这几层过滤，基本上已经消除了情绪影响。

这只是第一步，具体手段更加无情。比如，现在比较极致的量化高频交易，国外顶级量化团队做模型的主力都是物理学家和统计学家，一旦设置好程序，操作连交易员自己都跟不上，完全不可能有感情。

我有个朋友在美国的沃图金融，根本不玩猜心游戏，连预测都不做，直接来最直接的操作。交易所里搭载的超级设备，计算延迟只有百万分之一秒，拉了专线网，下订单只要四毫秒，这是什么意思呢？就是他不靠任何内幕消息，当一个突发事件出现时，如地震、恐怖袭击、疫苗发布等，一般人总会有反应时间，去操作总要按几个按键，但是量化高频没有这个延迟，它用微秒级的反应速度，打一个时间差，用这种不讲人性的方式来赚金融业的钱。

这只是我们能看到的表面优势。资源上，机构有全面的市场信息，你只有手机百度。时间上，机构一整个团队全职盯着，你每天就看两个小时。硬件设备上，人家飞机大炮，你是在用玩具枪打仗。

机构之间的战斗，打的是海量资源、完善的模型和信息渠道，就算这样，一不小心也会万劫不复。而散户，就像是一个迷路的小孩走进战场，九死一生。美国散户的比例从当年的90%被淘汰到如今只剩下6%，并非没有原因，散户不停在股市中吃亏，已经懂得不跟天性作对。希望我国的普通散户也能早点觉悟。

但是，如果你看到这里还是控制不住想去试试身手，照例总结以下三句口诀：

> 散户胜败一场赌，身心可叹难自主。
> 多情要靠无情补，手闲心痒不炒股。
> 心态要服三大软，是人首先是动物。

（2020.12）

为什么我在股市从不亏钱

中国的股市一直是个神奇的存在，每个股民说起来都头头是道，可是真正赚钱的散户凤毛麟角。虽然我根本不推荐业余选手进股市，但是看了太多二三流财经博主在网上瞎分析政策行情，有点儿看不下去了。

中国的大部分股民都把股票当作彩票来玩，要么是轻信网上天花乱坠的分析，要么是依靠所谓的小道消息，我在这里先给一个结论，所有用公开信息预测短期股价的，都是骗子。

先不提普通股民，就算是专业金融人士，我也很清楚他们到底有几斤几两。有一个著名的猴子实验，就是让猴子对着股票代码扔飞镖，随机射中十只股票，这些随机股票获取的收益跟基金经理的平均收益水平差不多。也就是说，你闭着眼睛选十只股票，跟把钱交给基金经理，效果没啥太大区别。

为什么呢？因为大多数基金都挺一般的。我们到市场买菜都知道挑挑拣拣选新鲜的，买股票的时候却不知道自己买的到底是什么。

假设你买了一家公司的股票，就算钱不多，但也是成了这家公司的小股东。这家公司地址在哪儿，厂房办公楼有多大，生产车间设计如何，是否需要经常加班，董事长年龄多大，总经理能力高低，各部门分工架构合不合理，要看哪些基本报表，这些你都知道吗？

如果这些基本信息你都不知道，就去当它的股东，就跟买房子连地址都没搞清楚一样。

一个优质的股票，最基本的要求是公司本身是一家好公司。那么，你能分辨出这一点吗？二级市场的基金经理能分辨吗？他们从来没办过企业，没给别人发过工资，没有思考过公司战略，没有发愁过经营模式，对于如何运作好一个企业毫无经验，却可以天天拿着钱去投资企业，所以在我看来，大部分金融从业者不具备为企业估价的能力。如果你愿意相信那些整天只会分析大盘的所谓专家，那我建议你去旁边的福彩中心，操作更简单，空调还更足，你花的钱还能支援福利事业。

分享我的经验之前，我还是建议，能不入场是最好的。很多中国散户，还有中下层金融工作者，喜欢分析行业趋势和大盘走势，但七成散户和小机构是亏钱的。大多数人都这样做，大多数人都亏钱，这是因为股票的短期趋势根本是不可预测的。这些人根本没见过经济真正的运转规则。

我在网上看到有人说，自己一个小散户，没几个钱，居然能撬动整个大盘，自己一买股票大盘就跌，自己一卖股票大盘就涨。庄家手里几十亿元的资金运作，就为了跟自己手里这几千元钱过不去。

其实关注大盘这个动作本身就有问题。

诺贝尔奖获得者、经济学家席勒说过，从资本层面是没有技术可以预测股价的，因为一旦这种技术出现，它就会成为预期的一部分，再度让股价变得不可预测。这句话有点绕，但只要记住，纯粹通过看盘去炒股的，全是骗子。

不管你是开饭店的还是在私企工作的，应该都知道，企业里面的猫腻太多了。所以，要搞清楚一个企业未来的预期，靠那些自己都没赚到钱的郊区财经博主，根本不可能做到。实际上，我也做不到。但我从来不亏，为什么呢？

我只有一个简单的原则，就是根本不去预测未来，因为公开的信息太少，做预测太难，我只看当下这一刻，这就容易多了。

不要告诉我一年后行业又要如何风起云涌，对不起，我年纪大了胃口不好，饼画得再漂亮我也吃不下。

我要买，只买当下的这一秒，那些被低估的股票，那些卖便宜的股票，那些真正运行良好的赚钱机器。我不找未来的潜力股，我就找眼下卖便宜了的股票，如果我判断一家公司价值10元，我不听专家说这家公司未来会成长翻倍，也不考虑这个行业未来会不会有政策支持，我只看它当下的售价是不是低于10元。10元的企业，如果我低于10元买进，我就会赚，就这么简单。再次重申，这篇文章并不鼓励大家学习我的操作方法，真的建议散户不要碰股票。

于我而言，我只买我懂的行业，那些我能够判断价值的行业，如我自己从事制造业，那么我就知道什么样的工厂长着一张会赚钱的脸。当然，这都是我个人的粗浅经验，不能作为投资意见，这里随便举几个例子，仅作说明。

第一看人事。看一遍企业高管的履历，这里藏着很多信息，我们得会看，如可以从管理层收入的高低看出谁在公司权力更大。如果财务副总权力很大，企业就会偏重资本操作，如果市场副总权力过大，企业内功就不一定强，我个人喜欢投资技术副总收入最高的企业，这说明公司重视技术，一般这样的公司底子扎实。

而企业的大老板最好是行业专家，董事长或者总经理必须有一位在这个行业从业二十年以上，大领导身上有多年打磨的经验，这是一个企业不出乱子的最大保障。

第二看经营。企业经营得好坏，在蛛丝马迹里就能看出，如工资在行业里的水平，一般员工工资高于行业平均水平的企业，都比较健康。如果企业开始大面积降薪，这是经营出现风险的前兆。效益好的企业，员工普遍待遇不错，工作会更用心，这就会进入一个良性循环。

在损益表里，你还要观察企业利润来源是否来自主营业务，如果一个制造汽车零件的企业利润都来自房地产，或者一个开饭店的企业靠炒期货赚钱，甚至是变卖资产产生利润，这是不务正业，不可能长久。

第三看资产。公司负债水平是否合理，如果一个上市公司一点钱都不借，不是有猫腻就是老板是个憨憨，可如果贷款太多又必须警惕，至少说明管理风格比较随意。从筹款渠道看，如果企业能借到大量低息优质贷款，说明企业信用好，同时也说明金融机构看好这家企业，觉得它靠谱。如果一家公司借了一大堆高利息贷款，就说明银行已经不太信任它了。

再说资产比例，有些企业固定资产比例高，库存高，流动性一般，我就不喜欢。有些企业营销费用奇高，这就是纯靠广告带货，产品本身不一定行。

简单总结三句话：

    未看行情先看人，人强不必问前程。

先学经营再下手，不懂管理送人头。

资产负债现金流，稍有不对莫回头。

  如果你自己办过厂，你就能明白，对企业来说，人事、经营和现金流才是生死存亡的命门，其他什么行业政策、大盘走向都跟算命一样。我要买一只股票，一般还会到企业现场走访走访，看看厂房和管理的实际情况。

  这样一路盘下来，企业明年能赚多少钱，是瞒不住你的。更远的事，我们也不用考虑了，不是你我能操心的。当我们能识别出优质公司之后，买股票根本不用每天看盘，调研之后气势已经充足，按下交易按钮的那一刻，心里就知道这钱我们赚定了。

（2020.8）

6

产经篇

未来十年，医疗巨变[①]

中国医疗行业即将迎来一次巨变，这场变革跟你有什么关系？未来普通人治病会更贵还是更便宜？

先说结论，公立医院未来将不再追求赚钱，而是回归到公益性质。医药代表这个职业将会直接从社会上消失，建议从事这一职业的人尽快转行。普通人以后看小病会更便宜，医生的账面工资也会提高。

这次改革叫作三明医改，因为第一个试点的城市是福建三明市。原因也很简单，十年前，三明市医保一年亏了两亿多元，财政绷不住了。医院肯定不能关门，涨价也不可能，普通人看病已经挺贵了，再涨价负面影响太大。给医生降工资也不对，中国医生的工资本来也不高。其实随着人口开始老龄化，不光是三明市，整个中国的医保系统都会面临缺钱的问题。

所以这次医改的一个重要目的是省钱。

---

① 本篇数据来源：https://baijiahao.baidu.com/s?id=1685021339825045467&wfr=spider&for=pc

改革第一步，是药品的集中采购。普通人看病贵，很大一部分原因是药贵，药本身成本并不高，占据大头的是市场费用。什么是市场费用呢？就是药企给医生回扣，让医生多开它出品的药。药是很特殊的产品，花钱买药的普通人，自己分辨不了好坏，都是听医生的话，让买什么就买什么，有的病便宜药和贵药都能治好，开哪个不影响结果。

这就十分考验人性，医生也都是普通人，各种利益输送不可避免，可能也不一定是直接给红包，但是讲课费、顾问费这些门道，并不少见。光去查医生、查药厂，是没用的，只要病人不能给自己开药，这条利益链就查不断。

三明医改的第一步叫作药品集中采购，这招很是巧妙，一旦开启集中采购，药品的选择权便不在医生手里了，而是会到采购部门手里，药厂找医生也没用，只能去投标，去和大家比价格，如心脏搭桥支架，过去是很贵的手术，但是去年全国开始集中采购，26个药厂一起比价格，以前1.3万元一个，集中采购之后直接降价到700元，从1.3万元便宜到700元，连过去的零头都不到，就这一个零件，一年全国就能省109亿元。而且药厂还别不服气，700元你不愿意干，有的是企业想干，因为一旦中标，等于直接供应整个地区的市场。其他各种治疗肿瘤、高血压等药品一旦集采，价格也都会大幅度下跌。

价格被压制到这个地步，医生和药厂之间的利益链自然就会断。药厂未来只能靠数量去赚市场的钱，利润太低，根本给不起回扣。中国医生有500万名，但是医药代表却有300万名。在集中采购之后，医药代表们估计要赶紧找新工作，这个行业应该很快就会消失。一旦改革完成，未来普通人看病，也不用担心医生给你多开药。

但是，集中采购只是三明医药改革的第一步，真正的核心远不止这一点。

普通人治病，在未来会出现两种极端，看小病会变得更方便便宜，但大病重病可能会需要一些妥协。原因很简单，因为以前医生希望多看几个病人，也希望多开药，甚至多手术，这样他的收入可能会高一些。而在三明医改之后，医生的收入与开药和手术不再有关，药开得再多也没提成，以后医生工资会涨一些，但是没有了灰色收入。这样有很多好处，如年轻医生和底层医生，像新主治、住院医、规培研究生，以前他们也拿不到什么回扣，只有四五十岁的资深医生才有门路。现在大家一起拿年薪，年轻医生的收入可以上涨。然后对于普通人看病而言，特别是看小病，会更便宜，因为医生不会再过度检查或者过度治疗，所以整体治疗可能会更保守，不会为了做手术而做手术。

这样一来，整个医保体系的开销就会随之下降，这也是本次医改大部分政策的本质目的：省钱。

当然，这样做也有代价。医生看的病人少了，那么看病就要排更久的队，甚至需要等好几天。然后复杂的、高难度的病症，小医院会不愿意接诊，以前医院是尽可能多治病，这样才能多拿到医保报销资金，现在是医保预算直接给医院自己分配，医院如果花太多超支，它就要自己去想办法，如果花得少，剩下的就会归医院自己。这样一来，医院肯定能省就省，不愿意给你多做手术。

在新医改之后，大病重病的情况，小医院肯定希望往外送，而大医院的床位毕竟有限，同时，对于资深医生，干多干少对自己的收入影响不大，那么也就没必要玩命加班，所以重病和难病的医疗，要么排队，要么去私立医院。

我说得也比较直接，医疗界有一个著名的不可能三角，即"便宜""医术好"和"快"三者之间，最多只能顾上两个。因为医保的钱有限，但是大家看病的需求是近乎无限的，所以就一定要做取舍。

目前改革的方向，就是往便宜的方向倾斜，在医术好和速度上面，多多少少要进行妥协。这个趋势，跟中国目前整体追求公平的改革方向完全一致。先让基本的、便宜的医疗保证到位，因为无论尖端医学技术多高超，钱不够就等于没有。

现在在一、二线城市的高级中产，月薪1万或者更高的人，优质医疗资源是很丰富的，有点小病就去三甲医院找专家看，以后这种情况不太可能了。要想快，就去小医院或社区医院，要想质量好，就到公立大医院排队，要想又快又好，就自己花钱去私立医院，别指望医保。

我建议大家可以在买保险时或者自己储蓄时，把这部分风险考虑进去。

那么，未来看病会不会免费呢？

世界上所有的国家在医疗方面只有两条路可以选，要么是走公益路线，便宜，作为基础服务提供给全社会，如英国、瑞典、加拿大，是直接全民免费医疗，但是这个路线的缺点是税收高，而且，需要排很久的队，我在加拿大的急诊室，亲眼见过一个骨头都扎出来的伤者在急诊等了5个多小时，当时我就觉得自己这高烧39℃根本不配来医院，我就自己回家了。有些国家走的是医疗市场化路线，如美国，医术高超、服务周到，里面医生特别和蔼，抓着你家长里短聊半个小时，出来一看几千美元没了。救护车出诊一次几千美元，一个小病就能让人倾家荡产。

有没有办法能同时达到便宜、快、医术好呢？那是不可能的，因为医疗跟其他行业不一样，如农业不断发展，粮食产量提高，大家就能吃饱饭。因为人的食量是有限的，吃饱了就不吃了。但是医疗不一样，人对医疗的需求是无限的，而且医疗越发展，能治的病越多，以前很多绝症现在都能治了，以前让你回家等死的，现在都能抢救一下，花的钱也就更多了。所以，医疗是一个真正的无底洞行业，即便是人类活到100岁，有病还是会想治，医生永远是不够的。

所以，医疗资源永远不可能充足。它永远稀缺，而且越先进的地方就越稀缺，在战乱饥荒地区反而不会稀缺，因为那些地方的居民根本活不到得病的时候。越发达的地方，癌症死亡的人就越多，因为其他病都能治，都不死人。

那么，一个好的医疗体制，本质就是怎么把资源分配得稍微公平一点，三明医疗改革就是认清了这一点。

我们意识到，病是永远治不完的，大家的体验很重要。所以现在三明医改的方向，一方面，把常见病变得便宜，照顾穷人，照顾基础治疗。另一方面，以前医生能多花钱就多花钱，手术做得多奖金就高；未来，医生是能省则省，能便宜治好绝不用贵的设备。医生可能会慢慢变成类似公务员的岗位，按时上下班，因为改成了年薪制。小病大家到社区医院或者小医院治。病人也不用担心医生过度开药或者过度检查，医患矛盾也会得到缓解。医院整体会越来越向公益的属性靠拢，看病会便宜不少。

同时，相应的大病大家就要做好心理准备，中国最顶尖的医院都是公立医院，以后医生多看病也没有额外收入，你也不能逼着人家天天加班。医生到点下班回家，那么医疗资源就会减少一些。而且，顶级医生的工资，公立医院是开不起的，以前还可以通过药企和医疗器械来补贴，现在这些都没了，那么资深医生要么去多做些行政管理工作,要么可能就要考虑私立医院。

整体而言,用便宜高效的公立医院作为基础,给大部分普通人治小病和慢病,在高端医疗资源上适当妥协,将会是未来的大方向。那么,在便宜和医术高超之间二选一,你会选哪个呢?

(2021.8)

为什么特斯拉是一家厉害的公司

特斯拉到底是不是一家厉害的公司？毫无疑问，是的。那么，为什么特斯拉会是地球上的一流公司？普通人可以从中学到什么呢？

我们先明确一个概念，一个公司的产品好不好，与该公司好不好，不是同一件事。产品好，公司不一定好，公司好，也可能产品质量差。有的公司可以生产出非常好的产品，老板像艺术家一样，做出来的东西真材实料，但就是没人买，最后破产倒闭。当年汇源果汁破产时，老板说了一句很心酸的话，他说："我不明白为什么我们的纯果汁打不过他们的合成果汁，汇源也不贵啊。"这就是一家产品好的差公司。但也有的公司产品一般，但就是讨人喜欢，然后蓬勃发展，前途光明。

从商业的角度讲，做一个好产品，和做一家好公司，需要的是两种完全不同的能力，做产品，需要的是对东西的理解；做公司，需要的是对人性的理解。有的人天生就对产品敏感，而也有些恐怖的天才，天生就能打造公司，建造一个又一个赚钱机器，你就是让他去卖垃圾，他也能赚钱。

再明确第二件事，一家厉害的公司，不一定是一家伟大的公司。因为伟大的公司，有道德的要求，就跟人一样，我们说一个人伟大，他一定是对社会有贡献，而说一个人很厉害，那就不一定了，厉害指的是能力，历史上的大奸大恶之徒，大多数也是厉害的人，因为就算作恶，如果没本事也干不成事。

理解了这些前提，我说特斯拉是一家极为厉害的公司，应该没有人反对。一家公司，在一个当初不被看好的，毫无积累的领域，以一己之力颠覆了整个汽车行业整整一百年来的竞争格局。2021年特斯拉市值的高点，甚至一度超过了九家传统汽车巨头的总和。

汽车行业是一个特别需要积累和沉淀的行业，这些巨头花了几十年时间构筑的护城河，就这样被轻易洞穿，如果五年前有人告诉我这些事情会发生，我肯定也以为是个笑话。特斯拉车子未来卖得好不好，我不能确定，但我能确定的是，这家公司必然会被写进商业史，被后世学者反复研究。

它的车到底怎么样，我给不了答案，因为我不懂。但是特斯拉的销量数据，在全世界电动车领域是毫无疑问的冠军。我也听说了它现在的各种问题，如工艺粗糙、内饰简陋，还有各种大大小小的软件问题，但纯粹从商业角度讲，一款车如果销量第一，它就是成功的。一家公司，把一款有问题的产品卖到第一，它绝对是一家成功的公司。

因为我也经营着一些公司，所以在这方面，我特别羡慕特斯拉，它到底是靠着什么完成了这样的商业奇迹？做生意的底线到底是法律，还是道德？

其实不光是企业，美国交通运输部给一条人命的定价是900万美元左右，安装红绿灯成本大约1万美元，一个路口装不装红绿灯，要看它降低的死亡率能否覆盖成本，同样，高速公路限速，也是根据这些价格计算出来的。

说回特斯拉，当年特斯拉的无人驾驶系统刚开发出来时，还很不成熟，实际上到今天也没有完全成熟。那么它怎么敢开放给用户使用？因为技术发展特别是算法迭代，需要大量数据作为基础。在实验室里，你根本还原不了真实世界这么多的复杂路况，也不可能有这么大的数据量供你去升级技术。所以多年前，第一批用特斯拉无人驾驶的用户，就是技术的小白鼠。奔驰宝马难道不想得到这样的数据吗？它们也想，但它们的历史包袱太重，如果奔驰贸然上了无人驾驶系统，死好几个人，奔驰的总经理哪负得起这个责任，他只能辞职。但是特斯拉那时候啥也不是，赢了是一场逆袭，输了也很正常，创业公司本来也是一百家里要死九十九家。其实不光是无人驾驶，圈内人都知道，特斯拉一向很敢尝试别人不敢尝试的技术，因为它一直是行业的探索者，很多是第一个尝试，尝试之前真不知道能不能行，如取消PTC，改用电机堵转发热替代等技术。作为一个产品，你让我买，我肯定要考虑，毕竟很多人甚至因为它的缺陷而丧命，这是人命关天的大事。但从商业角度看，它后来确实因此成功。

那么，特斯拉未来会成为新能源车的霸主吗？它不停降价，未来会不会没有其他品牌的新能源车了？

特斯拉现在已经降到了20万元出头，而且可以确定，在未来几年，它必然会推出10多万元，甚至10万元以内的车型。在其他车厂还在比服务、比产品的时候，特斯拉其实一开始就打算搞价格战。

特斯拉的高端车，从来就只是为了建立人设，它最终一定会走向极端性价比路线。这条路从公司早期融资的PPT里就已经确定，并且一直坚定执行到现在。它的车品质到底怎样，我不知道，但是从商业角度看，有一点让我觉得很厉害，就是所有人都知道它会降价，而且它确实也在降价，但销量一直很好。

这个逻辑是这样的。降价是肯定的，但是购车者是否会等几个月，等到降价？大部分不会。因为买车的人到市面上一看，就算是降价之前的特斯拉，性价比也是高的，所以人们还是会买它。然后每一个买它的人，又反过来让这家公司更加强壮，它就更有了降价的资本。

即便是特斯拉现在降价成这样，它还是有 30% 的利润，而其他竞争对手的利润都在 10% 左右。商家利润高，从消费者角度来看，肯定不太开心。从内饰简陋到各种软件问题，特斯拉几乎不能算得上传统意义上的好车，但就这样还卖得出去，说明这家企业肯定在经营上有非常卓越的思考，包括组织架构、管理方法、对资本画饼的能力，值得所有创业者学习。让我印象最深刻的一点，是特斯拉多年面临的最大问题，一直叫产能问题，意思就是车卖得太好，生产不过来。这种事情，对于企业家来说，是一种非常幸福的烦恼。

可是这条路，特斯拉还能不能长期地走下去，我觉得很难。消费者现在之所以能容忍它的各种问题，是因为它先锋的技术探索确实很酷。但是，技术探索得越深，难度就会越大。可能大家不知道，很多国内新能源车厂和特斯拉的技术差距正在不断缩小，在驾驶体验和人机交互上面，有些甚至已经超越了特斯拉。根据特斯拉和上海市政府的协议，到 2021 年底，它的所有零件已经实现全部中国制造，包括动力总成、电驱、充电等各种各样的供应商有 150 家左右。当初它把这批供应商培养起来成本很高，但是现在其他车企跟在后面再去买，就是又便宜又好。

从这个角度说，这个行业必须感谢特斯拉，试想一下，如果没有特斯拉，没有送牌，你会选择任何一种电动能源车吗？如果没有特斯拉，新能源汽车会这么快形成产业链吗？至此，我对特斯拉的看法已经很明白了，车是不是好车，我不知道，至少不是传统意义上的质量好、用料足的产品。公司是不是一个好公司？何止是好，简直是所有企业家梦寐以求的企业，老板对公司有充分的掌控，团队有超强的执行力，从内到外所有人都对它的成长惊叹不已。特斯拉老板马斯克本人，是不是一个好人？看他玩弄数字货币那一套策略就知道，跟他为人类未来操心的人设完全不符。但他是不是一个好的领导者？毫无疑问，他可能是目前地球上最强的企业老板，每一个创业者，都应该能从他身上学到很多。

（2021.9）

吉利的赌局与战略思维

中国在国外收购企业，大多数都失败了，即使买到了手，往往最后也经营不下去。但是，有一个例外，就是吉利。吉利到底凭什么成功吃下沃尔沃？普通人还应该买国产汽车吗？

吉利收购沃尔沃的故事，在大多数人眼里，是穷小子逆袭富家女，但这个说法明显是错的。

表面上看，确实如此。2008年吉利打算收购沃尔沃，当时它一年的营业额只有区区40多亿元，而沃尔沃当时的营业额折合人民币是1 000多亿元，沃尔沃当时的主人，美国福特汽车，更是营业额万亿元级的超级巨头。从历史上看，福特是美国百年老店，沃尔沃是欧洲老牌豪强，而吉利，2001年才拿到汽车生产资质，都还没有完全解决车顶漏雨的问题，完全是个弟弟。

这种公司规模和江湖地位上的巨大差距，让我产生的第一个疑惑是，吉利的老板当初怎么会想到这个几乎荒谬的收购想法？

当我进一步了解情况后，我产生了第二个更大的疑惑。吉利在2008年，利润大概10亿元，中国又迎来了汽车行业的黄金十年，家家户户都计划着买台车，吉利每年多赚十几亿元，甚至几十亿元，都是顺理成章的，靠着惯性就可以。

但是，放着好好的日子不过，他非要跑到人生地不熟的北欧，去收购一个落魄的沃尔沃，而且还赌上了吉利老板李书福的全部家当，要赔上他一生积累的商业信誉。这样倾家荡产地做买卖，你说你要买一个赢利的企业也就罢了，但是，沃尔沃2008年亏损了15亿美元，2009年亏损7亿美元，等于吉利赚十年的钱，只够沃尔沃亏一年。沃尔沃在福特手里十年都没有起色，还越亏越多，凭什么吉利来接手就能赚钱呢？

当然，现在我们回头看，可以知道结果，沃尔沃在2010年正式被吉利收购之后，第二年就扭亏为盈，而且当年就成为全世界增长最快的豪华车品牌。光2021年上半年，沃尔沃就赢利15亿美元，当初吉利买它，一共花了18亿美元，也就是说2021年一年的利润，已经把当初花的钱全赚回来了。而资本市场的回报更加恐怖，沃尔沃如今市值翻了十几倍，吉利自己更是成为中国民营车企的头部玩家。这场豪赌，最终以奇迹般的胜利收尾。

但是当时如果是你，你会有这么个奇怪操作吗？你每年赚10亿元，而且是2008年的10亿元，家里几代人已经直接实现了财务自由。但是突然有一天你说我迷糊了，家产全给我押上去，我摊牌了，我就是要到地球另外一头，去做一个一年亏十几亿美元的买卖。虽然这个买卖在行业巨头那里亏钱亏了十几年，但我就是喜欢，我就是想买，虽然这个行业我刚开始做，虽然人家已经做了一百年，但我不管不顾，我倾家荡产，我就是要买。

吉利的逻辑，让我去复盘，我也还是理解不了，可能有钱人的追求确实比较特殊。但也就是因为这些难以让人理解的部分，这件事最终成为中国商业史的传奇，这不仅是汽车行业的一次奇袭，这里面的金融操作，至今看来，也让我叹为观止，吉利到底是怎么完成蛇吞象的呢？

吉利这几年连续完成对沃尔沃、宝腾、莲花汽车等国外汽车企业的收购，现在又成为奔驰戴姆勒的最大股东，它的车造得好不好，我不懂，但是只从金融层面看，吉利海外并购的眼光和手法，没有第二家中国车企可以相提并论。

比如，当年收购沃尔沃的时候，吉利一共花费18亿美元，也就是120多亿元人民币，这个价格说实话不算高，因为福特当初买沃尔沃可是花了64亿美元，中间陆陆续续投入了200多亿元研发和建设，到2010年转手给吉利的时候，只作价18亿美元，完全是甩卖。这是因为2008年金融危机，福特自己要断臂求生。

但是，中国是汽车弱国，吉利在当时的中国车企里面也算不上头部玩家，整个公司一年全部营收加起来也才40亿元，根本拿不出这笔收购的钱。而且就算你买下来了，沃尔沃当时一年的亏损也要十几亿美元，买完之后，吉利还需要垫钱继续经营。

吉利将自己全副身家投进去，再把外债全借上，也只筹了不到一半资金。然后，精妙的操作开始了，吉利几乎把所有与此事相关的人全拉下了水。

收购了外企，要在国内办厂吧，之前讲到过中国的工业制造业与服务业的人口乘数是1.11，像造车这种先进制造业可以推动地方GDP稳健增长，于是大庆和上海政府以吉利要在当地建厂为条件借给吉利几十亿元。我去买你瑞典企业，让瑞典的工人有地方上班，你当地政府不能不表示一下吧，于是瑞典政府背书，欧洲的银行也出了一笔。还有帮我们操办这个事的国外大机构——你看，我这钱还差一点儿，不然你们也垫点儿，于是包括高盛在内的几家大投行也都出了点血。东拼西凑之后，算一算还差两亿美元，实在是抠不出来了，吉利居然把眼光投向卖家福特，从福特那里借了两亿美元，买下福特手里的沃尔沃。我借你的钱买你的家产，这波操作真的把我看笑了。多说一句，吉利收购沃尔沃，聘用的操盘团队是著名的罗斯柴尔德家族，他们在整个过程里也发挥了关键作用。

而最近再下手买奔驰，吉利的操作明显更加纯熟。不光是老一套倾家荡产借钱偷袭，而且还要小心在收购过程中有人恶意抬价，因为像奔驰这样重要的国家资产，德国有规定，买5%以上要公开发公告，不能偷偷摸摸来。但是如果提前发公告，势必会被各种势力阻击。吉利当年的操作手法在民间广为流传：吉利直接先在股票市场大摇大摆买了4.9%的奔驰股份，完全符合这个规定，接着趁着月黑风高，突然从投行手里又收集了4.79%，一夜之间变成了戴姆勒的最大股东。事后，德国监管部门调查了这笔交易，但吉利这一票操作得极为干净，没有任何漏洞，可谓封神之作。

中国在金融领域对外的战斗中，败多胜少，极少有这样漂亮的闪击战。比吉利有钱的中国企业多的是，为什么吉利总是成功？

多年以来，中国的汽车行业，跟外国车企打交道，一直处于弱势地位，技术上落后一个时代，生产工艺也很粗糙，资金和规模也经常处于下风，每次一谈判，唯一拿得出手的筹码，就是国内市场，想要合作，往往都是以市场为代价去交换。

所以吉利收购沃尔沃，还有这次成为奔驰戴姆勒的大股东，在事前根本没人看好。我们以前被人压在国内，连平等的合作都玩不明白，现在你千里奔袭，到别人的地盘上去搞收购，何德何能。

但是事实上，吉利的海外布局，最终都收获了巨大成功。资本层面是10倍收益，技术层面，直接获取的技术不说，光是在融合过程里，学到国外开发理念的一批批人才，就已经成为中国汽车技术领域的中坚力量了。

为什么只有吉利做成了这件事？我想了想，最大的原因，应该是吉利知道自己到底想要什么，这件事说起来容易，真的做起来其实很难。想象如果你是一家公司的老板，奋斗了一生，让公司初具规模，一年能赚10亿元，公司上下都很佩服你，行业内外大家都很尊重你，这个时候，你赌上全部身家要去冒险买回一家公司。不说胜败，你的心里，对这件事肯定有巨大期待，你想被人当成救世主，想获得举世瞩目的荣光。

我们稍微代入一下自己，就知道正常人做到这个地步肯定是要飘，买了一家世界顶尖的公司，能不能发展先不说，我去了之后肯定要先呼风唤雨一下，门口再立一个我本人的铜像，供员工来瞻仰。

而吉利是怎么做的呢？它背负百亿元债务买来沃尔沃之后，完全没有插手沃尔沃的经营和管理，因为吉利也知道，它不会比沃尔沃更懂豪华车。最好的管理，就是不去指手画脚，给沃尔沃自我救赎的空间。甚至，在吉利向沃尔沃求学的过程里，也一直是以很低的姿态，完全不强求对方直接转让技术。

为了让欧洲人心甘情愿地交出技术，吉利出钱在沃尔沃家门口建了一个欧洲联合研发中心，研究出来的东西，大家可以共用。

就这样天天陪着哄着沃尔沃，吉利才慢慢获得了信任，得到了技术上的全面升级。

把买来的企业供起来，但凡当过小领导的人，就知道这样压抑自己的控制欲，忍住不去瞎指挥，不图这些虚名，有多难得。

对待奔驰也一样，这次吉利收购戴姆勒用了一套叫领子期权的金融工具，是什么意思呢？就是说股票涨了，它少赚，股票跌了，它也少亏，股票的收益和风险它都不承担，因为吉利很清楚，它买戴姆勒不是奔着钱去的，买完之后短期股价的涨跌都无所谓。

人不图小利，则必有大谋。吉利成为奔驰的大股东之后，不图钱，那么大概率它后面会在品牌和技术上有所部署。最终它想要的，绝不是一点资本的回报那么简单。

这个才是我们中国企业在海外买买买最大的障碍，你要清楚自己扩张的真正目的，不是为了炫耀，甚至也不是为了一点账面上的收益。大量的企业在收购之后难以融合，最终破产，如上汽收购双龙，平安参股富通。从一开始，就要想清楚，你拥有它，到底是想让别人知道你厉害，还是想和它一起在未来变得更好。这个说起来不难，但是即使是普通人之间的交往，真正做到这样无欲无求又考虑长远的，能有几个呢？

（2021.11）

汽车行业洗牌，谁走谁留

中国汽车行业即将洗牌，大量品牌将会消失，买车的话一定要注意。

有件事，业内的人大多数都清楚，但是普通人知道得不多。那就是，国产品牌的隔离保护，即将结束。从 2022 年开始，国家将正式放开汽车行业的股权保护，国外汽车巨头将会全面杀进国内市场。

从 1994 年《中国汽车产业政策》开始，海外汽车巨头想进中国市场，就必须找本土车企合作，我们现在街上看到的奔驰、奥迪、宝马、丰田、日产，基本都是国内生产，名字前面带一个中国车企的前缀。我们的政策也很直白，叫市场换技术，国外巨头想来中国卖车，可以，但是你得带一个徒弟。你得找一家中国企业合资，而且占股不能超过 50%。这就是想通过资本和生产的合作，让国内的徒弟公司把技术学来。我国高铁当初就这么干了，很成功。当年，南北车就是用中国巨大的高铁市场，通过谈判，拿到了阿尔斯通、庞巴迪和日本川崎最好的专利，为中国高铁技术的腾飞打下了坚实基础。

但是这个策略,在汽车行业的进度稍微有点可惜。

市场确实是很大,从2009年开始,中国就已经是全球最大的汽车市场,2020年,全世界每卖掉三台新车,就有一台在中国。但是,这些车基本还都是师傅造的,其中四分之一是日本车、四分之一是德国车,然后美国、法国和韩国车还占了一些比例,中国自己所有的汽车品牌加在一起,只有30%多的市场份额。而且,这30%多,还大多是10万元以下的低价车型,靠着价格和成本换来的销量。

我查了一下某家汽车上市公司2020年的年报。它从20多年前开始合资,现在旗下有5家合资工厂生产国外品牌,自己也经营了自主品牌。这家公司去年卖了204万辆车,其中自主品牌只卖了35万辆,剩下的都是国外品牌的车。再查它的利润来源,那就几乎全部是卖合资品牌车带来的,自主品牌几乎可以忽略不计,如果国家只是想拿走一部分卖车的利润,直接征收外资车企的关税就行了,何必绕这么大一圈呢?而且虽然股比是中外双方五五开,但利润实际上是外资拿了大头。一方面,每辆车都要给外资交10%甚至更多的技术转让费;另一方面,零部件很多也由外企决定在哪里采购。很多合资车企慢慢就沦为了代工厂,不要说发动机等核心技术,就是生产流程和精益化也还有太多要提升。

而作为对比,国内几家私营没有合资的车企,却保持了很好的活力。于是,从2022年开始,国家会全面放开车企合资的股比限制,不再要求外国车企在国内带徒弟,而是大家真刀真枪,用市场化的公平竞争,来刺激产业的发展。这样做,必然是会有一大批靠着卖合资车生存的企业逐步退出市场,也会有一些车厂背水一战,在战斗中快速成长。不管最后结果如何,消费者都是最大的受益者。

那么，到底哪些车企能在这一轮的洗牌中涅槃呢？在外资全资投产之后，车的质量和价格又会有什么变化？

新能源车是必然的一个趋势。有人说，传统车中国技术不行，新能源车就能弯道超车吗？

中国传统汽车造车水平，确实离全球巨头汽车生产企业还有差距，但这种差距并不纯粹是技术上的，我们的工厂有很多已经比外资母公司的工厂要先进，产品要优秀。这倒不是因为我们有多厉害，纯粹是我们产业发展起步晚，很多近两年建起来的工厂，用的都是最新的建设理念和最好的设备，国外几十年前的工厂还真的比不了我们现在的新工厂。

但是，现在的问题不是工厂和技术，而是专利没法追上。人家几十年前研究出来的东西，我们现在就算会了，也不能用，如果你自己重新换个思路，且不说能不能更好，光成本就要消化很久。相较之下，国外的专利早就收回研发成本，他可以给你降价。

所以传统汽车存在差距，国外企业的专利护城河几乎无解。而新能源车，就是大家都别提以前的事，重新一起来比赛，中国相对就有了一些机会。

就说电池，中国锂电池产能位居世界首位，占73%。排名第二的美国，只有12%。全球十大锂电池生产企业，中国占据6家。去年本田甚至花了37亿元买了中国电池老大宁德时代1%的股份，只为了能够从宁德时代那儿买电池的时候可以多拿点货。十年前宁德时代还是个小破厂，很多人因为进不去奔驰宝马才去宁德时代，如今他们奋斗成管理层，现在基本上都财务自由了。

从2022年开始，放开外资车企的股比限制，传统车企马上会面临生死考验。这个一点也不夸张，全球汽车强国都经历过这样的洗牌阶段，美国倒闭了1 500家车企才成为今天的汽车强国。

其实全球汽车产业强国都只留下三家鼎立的局面，德国BBA，美国福特、通用、克莱斯勒，日本丰田、本田、日产，我们现在几十家大型车企的局面，是不是最健康的，也许政府有其他考虑。

而且汽车也不能仅仅从产品本身去考虑。比如，我国石油的依存度，中国现在70%石油依赖进口，国际环境越来越复杂，如果一切顺利也就罢了，万一有什么变化，不好买油，那交通是不是立即停滞呢？中国要实现碳中和的目标，新能源汽车是一个绕不过去的必经之路。实际上，这也是全球汽车行业的共识，包括奔驰、大众、沃尔沃、奥迪等在内的公司已经宣布将终止内燃机研发，这一代发动机，将可能是人类最后一代汽车发动机。

我估计到2025年，新能源汽车新车销售量会达到汽车新车销售总量的20%左右。全社会在这个问题上慢慢形成共识。我们的口号叫弯道超车，其实这是一个没有其他可能的必然选择，只有这条路是唯一的机会，无论如何，新能源这条路是一定要走下去的。这跟你喜不喜欢电车，或者看不看好它没啥关系。更何况，我们的新能源企业也挺争气的。

前几年新能源汽车最火的时候，国内有60多家造车新品牌。经过几年市场洗礼后，现在只剩下不到30家，估计整个汽车行业洗牌的速度还会加快。我对中国新能源车行业抱有很大的信心，凡是我们面临外资强烈竞争的行业，一般最后结果都不错，当年垄断市场的日本家电，几乎已经完全被国产品牌替代，手机行业我们已经占据半壁江山，这些都是在激烈的竞争中杀出来的成就。更别提那些被完全封锁的造船、航天等行业，中国人一向不怕你封锁。现在，汽车行业即将面临全新的时代，传统行业和新能源都会有大规模的洗牌，真希望胜利的再次是中国的品牌。

（2021.7）

4S 店的命运

为什么在 4S 店买车，体验那么差？4S 店还能存活多久？

我不知道大家对于 4S 店是什么感觉，于我而言，车卖得贵一点，或者哪怕是服务差一点，我都觉得问题不算太大，但是我不理解，为什么汽车不能统一标价，距离远适当加运费也没问题。为什么都到 2022 年了，买一台标准的、工业化的、流水线上制造的汽车，还需要每一个人单独去谈价格，现在连买菜都可以在超市直接按标价拿走。

同一台车，在同一个城市，同一家店，价格都可以相差几千元甚至几万元，售价高低完全取决于你会不会被销售坑。

但是如果你骂 4S 店销售，你会发现他一点也不觉得愧疚，因为卖一台平价裸车给你，销售自己也不赚钱，他还觉得在你身上耽误了时间，一台几万元钱的车，4S 店销售真正到手的提成没有你想的三五千元，而是只有几百元。4S 店根本就不靠卖车赚钱，根据某上市 4S 店的报表，卖车一年 559 亿元的销售额，毛利只有 12 亿元，毛利率才 2%；反倒是顺带卖的保险和贷款，靠着区区 27 亿元销售额，背后就拿到了 22 亿元毛利。所以，4S 店真正的利润所在主要是卖保险、办贷款还有后续的保养维修。

如果你打电话给4S店想比价,所有的销售都会告诉你来店里才能谈,电话里不会告诉你价格。因为他知道报了价,你总能找到更便宜的地方。

这些套路真的很无聊,买车的人买得不舒心,卖车的人不赚钱。

为什么一个现代工业产品,用工厂里一模一样的零件生产出的产品,不能像超市卖东西那样统一标价呢?不知道大家见没见过当年的电脑城,两者情况非常像。

大概二十年前,买电脑只能去电脑城,如北京中关村、深圳华强北、武汉广埠屯、上海太平洋,这些地方诞生了一大批互联网巨头,刘强东、雷军、李彦宏等人,多多少少都跟这些电脑城有些渊源,但同时,电脑城里骗子很多,买电脑不被宰几乎不可能。

买电脑和买车有不少相似之处,首先,两者都是有信息差的交易,产品更新很快,普通人对产品了解有限。其次,宰人的店利益大,能付得起高额房租,那些不宰人的店根本干不下去,这就导致了整个行业的群体性欺骗。最后,是复购率低,买一台用好几年,根本不用考虑回头客,宰一个是一个。

电脑城随着时代的进步,已经慢慢死掉,如今大家买电脑都知道网上比比价就能下单,被坑的机会也少了不少。但为什么4S店却还能普遍存在呢?

因为电脑城是个松散的组织,而4S店背后的真正操纵者是汽车厂商,他们根本不想让4S店消失,即使明知道4S店有种种劣迹。这背后的根本原因是什么呢?

4S店这门生意很神奇,普通人买车提心吊胆,4S店卖车又根本不赚钱。很少会有这样一种生意，让买家和卖家都难受。那么到底是谁占了便宜呢？

4S店之所以令人不舒服，本质原因是它的职责并非卖车，而是买车。

你没看错，4S店最重要的功能是帮汽车制造商压库。在4S店工作过的人都知道，最大的成本不是房租水电，而是车厂要你压货，特别是到了季度或者年底要考核的时候，不管你卖不卖得出去，都得先自己垫钱拿一批车，而且"压库"的都是滞销车型，4S店明知道很难卖，也只能硬着头皮出钱垫着，等于车厂自己造车没造好，后果和风险全都转移到4S店身上。中国汽车流通协会发布的数据显示：我国汽车经销商综合库存系数常年为1.5上下，有时候甚至能到2以上，也就是卖一台车，仓库里要存两台。

但是我们稍微一想就知道，这样的压库，本质上根本没有解决汽车卖不出的问题，只是把问题延后了，过程中还把新车白白拖成了库存车，浪费了大量的仓库租金。而且，这些压库车到后面肯定还是得打折出售，对汽车品牌也是一种伤害。这种左手倒右手的事情看起来毫无意义，但是车厂的销售部门就是喜欢这样做，因为汇报的时候好看，方便给领导"画饼"。前几任都这样干，现在到自己上任了，你心地善良不让4S店压库，销售收入会突然下滑，虽然减少了无谓的浪费，但是账面上不好看，领导不会管你的原因，所以谁也不愿意这个炸弹炸在自己手里。反而是一有机会，都会再把4S店压榨得狠一点，自己说不定还能升职。

车厂倒闭的不多，4S店倒闭却每天都在发生。比如2020年，全国一共两万多家4S店，关闭了3 920家，也就是说，2020年全年，每天都有10家4S店关停退网。2021年，很多车加价在卖，但实际上最后总体赢利的4S店占比只有一半左右，两家店只有一家赚钱，4S店朝不保夕，有怨气当然就会发到消费者身上。

按理说，任何行业的制造商和销售商，都是想把产品卖出去，利益理应一致。但是，汽车行业非常奇葩，车厂自己想扩张门店，又不想出钱，就让经销商出钱开4S店，开了店又不想在当地做广告，就靠4S店搞活动做品牌，搞了活动车卖不出去，又想把4S店当冤大头，让4S店接盘。车的售后不好，消费者也很少去找车厂闹事，都是去4S店闹。最后，表面上4S店还得被车企管理，这怎么可能呢？人家投资一个4S店，是来搞慈善的吗？当年汽车不愁卖，4S店有利可图，还可以本分经营，现在时代变了，汽车市场的巅峰已经过去，卖车不赚钱，还要帮你垫钱压库存，最后只能从消费者身上刮出利润，结果就是，由于车厂很难约束4S店，对一些变相欺诈行为只能睁一只眼闭一只眼。4S店害客户的时候也理直气壮，毕竟被厂家欺负了，只能用各种名目从客户手里捞利润。最后消费者花了几十万元买个大件，整个过程却被当成一只肥羊宰，买卖双方心里都有气。

至此，一切都已经明了。4S店在车厂眼里既是资金池，又是冤大头，既能挡子弹，又能干脏活，又能在当地拿土地、做广告，它可一点也不想关掉4S店。

所以，即使现在的汽车销售体系落后到了离谱的地步——一个流水线上生产的大众消费品，至今不能做到公平透明。车厂还是没有改革的动力，大家买车像买古董一样，要去现场砍价砍好几轮。如今只有那些没有历史包袱的新车企，才敢于全面自营。

那么4S店未来会全部倒闭吗？普通人怎么买到便宜的车呢？

曾经，买家电要去家电城，到苏宁、国美里面选购，买电脑要去电脑城，现在这些线下的场地都在慢慢消亡，那买车凭什么就一定要去4S店呢？

我这样说肯定会有相关从业者找各种理由反对，如买车要体验，买车要售后等，但实际上，线下纯体验店和专业养车店，都已经有很成熟的案例，所以这都不是4S店价格不透明、乱收费的理由。

有两件正在发生的事，代表着4S店衰退的开始。

第一件，电车替代油车。2021年新能源车销量翻倍，卖了300多万台，明年可能就要上涨到500万台，即20%的新车都会是新能源。包括特斯拉、蔚来在内，新车企都不搞4S店加盟那一套，都是厂家自己卖车。更主要的是，新能源车零部件比油车少了三分之一，保养更是便宜，而一家正常4S店利润的70%都来源于售后服务，新能源车一旦普及，现在4S店的商业模式根本无利可图，很容易被直接击穿。在这个过程里，4S店会像当年电脑城一样，因为赢利困难而不停挣扎，做出很多短视动作，但折腾得越厉害，大家越烦它，这会进一步加速行业消亡。

第二件，信息差被渐渐抹平。4S店以前很大一块利润是靠信息差，帮消费者选车，给买车的人做教育，而随着各种自媒体和App的发展，买车越来越简化，懂车的人也越来越多。特别是新能源车，一个全新的事物，销售甚至不一定比客户懂得多，这样的情况下，4S店教育客户的功能会慢慢消失。买车的人都有了主见，知道了你不让人全款买，是因为要赚贷款钱，也知道了出库费、上牌费之流是乱收费，甚至可以很方便地四处比价，这就让4S店不得不开始残酷的价格战，输了就认栽关店。

最近，最早开创4S店模式的本田汽车，已经宣布在澳大利亚等国家关闭4S门店，现有4S店不能再销售新车，直接在网上统一价格卖车。奔驰本月在澳大利亚也开始全面直营，不再使用4S店，买车直接手机下单，通过线下交付中心交付。

如果你想现在买车，合适的策略就是根本不去进入销售的常规套路里，多去几家店把底价摸得差不多之后，直接在月底或者临近一个季度结束找一个完全没去过的新店，进去报价表示现场提车，如果店家刚好还没有完成销售指标，可能就有机会低价买到。如果没买到，再换一家就是了，最后买车交流的那个销售，最好是第一次见面连微信都没加过的。

在汽车销售最旺盛的时代，4S店确实给消费者带来了很多方便。没有4S店投资者的加入，光靠车厂自己，是不可能以如此快的速度把汽车销售普及全国所有城市的。传统车企也很不想抛弃4S店的老兄弟们，但是，当曾经的先进模式逐渐成为进步的阻碍，消费者对透明和公平的要求越来越强烈，4S店模式已经不再适应时代的步伐。也许某一天，我们真的可以体验到，买车如买菜一样的全新购车方式。

（2022.1）

社区团购看背后

社区团购跟老百姓有什么关系？仅仅是我们能在微信群里买菜了吗？

其实它代表的是一个时代节点，一个新势力和旧势力冲突的节点，那么哪一方对我们有利呢？我们要怎样在变革中生存呢？

社区团购看起来很土，本质也就只是通过微信群卖菜，小区里的人统一团购，听起来完全不新鲜。但资本巨头为什么会争先恐后往里砸钱？即便是官媒放话严厉打压社区团购后，也没有阻止资本的继续投入。

某互联网巨头更是孤注一掷地把最强班底都压在了上面。

买菜这个事情弄出这么大阵仗，对普通人是好是坏呢？

首先这一模式本身，肯定是带来了进步，缩短了买菜的中间环节。

以前市民买菜，从菜地里到买回家，菜价要涨150%左右，根据国家发改委价格成本调查中心的数据，有些绿叶菜零售价相较菜农价格，能翻3倍。再加上蔬菜平均25%的报损率，你每天吃的蔬菜，买菜成本要比种菜成本高得多。

社区团购直接去掉一两个中间环节,这里面省去了很多交通费、人工费、房租以及最重要的库存费用。

理论上,如果团购的模式成行,普通人吃到的菜应该会更便宜也更新鲜。

有人说到时候形成了垄断,就会开始涨价,还有人拿打车软件举例说明。确实,现在我们常用的打车软件虽然补贴少,但是我们不能拿现在的价格跟十年前的出租车去比,打车价格涨得比房价和菜价慢多了。现在国家反垄断这么到位,还有无数竞争对手随时准备代替,谁敢乱涨价,分分钟就会被打击。

那为什么国家没有叫停外卖,没有叫停打车,却要叫停社区团购呢?其实很简单,因为就业问题。同样是烧钱补贴,形成资本巨头,剧本完全一样,国家之所以没有叫停外卖,就是因为它创造就业。

这种几乎没有门槛的大规模就业岗位,极具吸引力。

送外卖既不要求学历,也不要求工作经验,只要肯下力气就能赚到钱,而且收入还不错。外卖销售额6 000多亿元,大部分是给餐厅,配送费也就十分之一,也就是说外卖配送,一个区区600亿元的生意,却带动了720万人的就业。这720万年轻人,他们工作起来就是社会稳定运转的基石,一旦失业那就是720万张等着吃饭的嘴。

所以别说打压了,政府就算贴钱也一定要让外卖行业蓬勃发展。社区团购则是刚好相反,卖菜几乎是城市平民最底层的安全网,生活崩塌的时候,它能让你活下去。在就业形势严峻时,你抢走了这些菜贩子的饭碗,谁来兜底呢?所以,国家才会打压社区团购。

我有预感,某个巨头企业再接着这么做,很快要受反垄断的制裁。但是，随着科技的发展，有一个趋势不可避免，那就是在未来，财富是由一小部分人创造的，而剩下的大多数人，只需要老老实实活着和消费。作为普通人，我们要怎么应对这样的变化呢？

其实趋势已经比较明显了，欧美很多高福利国家，就是靠几个高附加值的产业来赚钱，大部分老百姓就能活得很好。普通人干着基本的工作，却拿着高于其他国家几倍的工资，他们创造的价值其实没有他们消费的多，或者说，花钱消费本身，就是他们最大的价值。

比如互联网行业，占据我国GDP的10%，却只有大约1 000万个就业岗位，也就是1%的人创造了10%的GDP，而未来，随着技术的不断进步，工厂会自动化，人工智能会越来越聪明，这个比例还会继续扩大。

从整体上说，技术进步似乎总是好的，财富总量增加，理论上对大家都好。但从局部来看，技术进步的收益，不是平均分配的，有的人收益大，如科技巨头，有的人收益小，如能让普通人买到便宜菜的社区团购，还有的人反而受损，如没了饭碗的菜贩子。

资本只考虑局部，国家考虑整体。有的时候，国家宁愿减缓技术进步，也要把收益平衡好。资本巨头多赚点钱贡献有限，但是菜贩没了生计就是社会问题。

举个更直接一点的例子，我们国家为什么不能做农业机械化？表面上，是因为田地的归属很分散，所有权比较破碎，但是如果政府想统一管理，其实也不难办到，而机械化在技术上对我们来说已经毫无障碍，华北、东北、新疆等主要粮食产区早就能实现综合机械化。

可是一旦全国都机械化，你让农民怎么办，没地种了，进城务工，现在制造业还能吸收这么多的新增劳动力吗？有时候，明明机器能干的事，我们也必须让人干。农业只是最简单的例子，前两年大热的无人货架和无人便利店，现在都已经无人问津了。

从经济学理论上看，旧的岗位消失，会有新的岗位来代替。但是在现实中，很多人就是很难转行。未来制造业全面智能化，一个工厂只需要两三个技术人员就能自动生产，其他工人们怎么办？要平稳解决这一问题，社会必须提供不需要技能的简单岗位来安置这些人口。

而未来，越来越多的岗位会带有这样的福利性质。科技的进步，本质是赢家通吃，但是政府需要关怀弱者。

对普通人来说，要怎么应对这样的变化呢？未来十年，什么样的岗位会被替代呢？

其实很简单，跟工作难度没关系，而是越规范的岗位，越容易被替代。规则越清楚，越详细，人工智能就越强。

比如下棋，地球上已经没有人可以下赢阿尔法狗了，因为下棋规则特别清晰。电话客服是第一批被人工智能替代的岗位，因为客服有特别明确的手册，遇到什么问题给出什么回答，都是标准的，不需要规则外的思考。

还有一些看似高级的工作，如医院放射科医生，八年学习，专门研究拍出来的片子上面那些白色和黑色的点点，AI 在这个行业里的应用已经非常强大，另外还有会计、律师助理等。

可是，交通规则这么清楚，为什么无人驾驶还没有实现？其实如果现在一夜之间人类都不开车了，很快无人驾驶就能成熟使用。因为无人驾驶现在最大的问题是不守规则的人类司机和行人。如果没有人，路上全是无人车的话，交通就会像流水线一样顺畅安全。经验再丰富的老司机，难道能比机器还精确吗？

有一个五秒定律，很多人以为是做决策时需要五秒以上的时间，机器就会代替你，因为你太慢了。其实恰好相反，五秒定律的意思是，工作中的决策如果需要你思考五秒以上，意味着这是没有规则的思考，需要规则以外的思考能力，那么你的岗位是安全的。而如果你根本不需要费脑筋就能做决策，那机器一定比你更适合。

具体哪些行业有更好的前景，预测的人已经很多，我不再多讲，但是有一些心得想跟大家分享。

我自己同时在做三个行业的业务，对转行这件事很有经验。其实每个行业里大多数人都不具备主动思考的能力，也许他干了一辈子，也只是很熟练而已。我建议大家随时抱着一颗对其他行业的好奇心，主动学习，学到随时可以跳槽到新行业的程度。看起来很难，实际上大多数行业的壁垒最多是一年的业余时间，你花一年的业余时间琢磨一件事，就足以让你胜任转行之后的工作。而且这个进度会不断加快，因为思考的本质是联系，你脑子里信息越多，能联想的素材就越多，小学花六年学习加减乘除的各种变体，而大学四年却只能学通人类的一个学科。这是因为你掌握的背景知识越多，可用于思考的要素就越多，最终给出的方案也会越全面。任何转行学习的开端都会很慢，没关系，因为任何行业的大部分人都比想象的要笨。

最后，给几个转行的小建议。第一，跳槽和转行应该是你进步的途径，而不是逃避眼前问题的办法；第二，跳槽转行有个潜规则，换行业就不换岗位，换岗位就不换行业；第三，根本不需要什么5万小时变成专家，一旦你在某一个领域足够强，转行只需要5 000小时的积累就足够。

（2021.3）

中国钢铁，未来在哪儿

本来本篇是想写温州这个城市的，结果做到一半发现了一个离谱的故事，所以城市先放一放，带大家认识一个神奇的企业。

以前我一直以为温州是一个靠鞋帽和袜子起家的轻工业城市，富起来之后，温州人又满世界买地皮炒房子。但是，这样的土壤里居然生长出了一家格格不入的奇葩，它是温州最大的企业，也是中国最大的民营钢铁企业，是温州第一家进入世界五百强的巨头，去年一年获得了近3 000亿元的营收，在世界五百强企业里，排名两百多。这是什么概念呢？差不多是它每天早上醒来企业就进账8亿元。

事先声明，这篇不是广告，在此之前我从来没听过这家公司。钢铁这种国企占主导的行业，一家私营企业居然能够混得风生水起，让我很好奇它到底做对了什么。

这家公司叫青山控股，因为它没打算上市，知道的人很少，但是全国三分之一的不锈钢是它造的，在全球不锈钢领域稳居第一。按道理说，不锈钢也不是什么大众消费品，就算是第一也不至于发展到这么大的规模。但是青山控股的特殊在于，它不但生产不锈钢，还掌握了大量不锈钢原料的矿山。不锈钢的原料中有一种稀有金属叫作镍，中国矿藏很少，主要从印尼进口。青山控股在印尼买矿买了十年，现在供应着全国三分之一的镍产量，这个就厉害了。

当你对一种矿石掌控到这个地步之后，能做的事情就很多了。产品降价打击对手，或者直接给对手断供原材料，都是最基本的操作，只要你有足够的想象力。比如我们看一眼2021年3月4日国际镍的期货价格，开盘就跌停，直接跌到锁死，两天跌了16%，很可怕是不是？而暴跌的原因仅仅是青山控股放出一条消息，说它自己和华友钴业、中伟股份两个客户分别供应6万吨和4万吨镍。

坊间传言，在放出这条消息之前，青山控股自己在3月3日做空了镍的价格，镍价暴跌之后，青山直接在资本市场大赚一笔，这就跟提前知道彩票中奖号码的意思差不多。用一个订单的消息，就能影响整个市场的价格走势，这波操作不说是呼风唤雨，起码也是把全球稀有金属镍的市场掌控了。

但是这仍然不是青山控股实力的全部。这两年它的发展之所以突飞猛进，更重要的是另一件看似不相关的事情，那就是新能源汽车的崛起。没错，汽车用不上不锈钢，但是新能源车的电池离不开镍。青山控股前几年闷头造不锈钢造得好好的，突然莫名其妙就成了新能源汽车领域人人拉拢的香饽饽。它旗下的新能源电池，公司刚成立直接就跟上汽、广汽、三一、东风等客户签了大单。

很多人说这是青山控股提前布局的精妙设计，说实话，我是不信的，十几年前青山控股跑到印尼买矿的时候，纯粹是为了造不锈钢的时候矿石能便宜点，它根本就不可能想到十年之后这玩意儿会成了新能源产业的香饽饽。不过这印证了一句话,你就只管努力,剩下的交给天意。

那么,这家神秘企业是如何成为浙江前三民营巨头的呢?背后的项老板到底是何方神圣?它与中国这些年的经济腾飞有什么关系?

青山控股的成长曲线还挺有意思,在我看来,能获得今天这个成就,不是因为它一直很赚钱,而恰恰相反,是它在三个关键的时间点都没赚到钱。

第一个不赚钱的时间点,是20世纪80年代起步初期,青山是做门窗起家,那个时代的特色是不管你生产什么东西,只要能做出来基本就不愁销路,真的让现在的创业者非常羡慕。青山公司很快就从温州青山村的小作坊发展成一汽的车窗供应商,不过一汽效益不行,老是欠钱,而上游钢铁厂商却总是要求现款现付,这就让青山的老板项光达非常眼馋,门窗不赚钱,于是直接摸到上游开始生产钢铁。

第二个关键点,是青山非常走运,钢铁生意也没赚到大钱。由于青山控股没有上市,我没有查到相关的财务报表,不过我估计那个时候青山刚做钢铁时应该是赚了点小钱,但获利也有限。因为中国从2005年前后,开始主动减少钢铁企业,大批钢铁企业倒闭,当时势头最猛的民营钢铁企业江苏铁本,也是一夜之间轰然倒下。如果那个时候青山控股做钢铁赚了钱,准备激进扩张,大概率是活不过钢铁产业紧缩这一波浪潮的。

钢铁行业竞争非常激烈,利润只有四个点左右,卖钢铁还不如把钱放到银行做理财,但是卖矿石给钢厂就非常赚钱,利润普遍在40%以上。这就让青山的老板项光达非常眼馋,钢铁不赚钱,于是咬咬牙继续往上游摸,去买矿。这是真正让青山控股跟竞争对手拉开差距的一个决定，2009年开始南下印尼，布局矿山。

这也就是第三个关键时间点，但凡项老板再晚一两年做这个事，可能他就没心思去买矿了。大家应该还记得2008年的全球金融危机，中国投放了4万亿元资金去应对，房地产行业正是在这次放水的刺激下正式起飞。这个就又让青山的老板项光达非常眼馋，买矿不赚钱，要不直接"梭哈"房地产算了，还好这次他忍住了。2009年之后，手里有大笔资金的人，很难忍住不去买房子。当时温州随便一个炒房团手里都有百亿元级的项目，而青山控股的同行，山西海鑫钢铁的董事长李兆会就是靠转型房地产和金融成了山西首富。不过温州炒房团最后一地鸡毛，山西前首富李兆会也从身家百亿元到现在被悬赏2 000万元通缉追捕，炒房团最后的下场都不算好。如果当初没有买矿，青山会不会已经迷失在了地产和金融的游戏里呢？

幸亏青山没有在房地产和金融业赚到钱，这才有了近十年在印尼的辛苦布局。青山买的镍矿原本只是当作不锈钢原料，却没想到现在镍矿成为新能源电池离不开的原材料，等于是买的烂尾楼变成了学区房。这整个故事就是一个标准的龟兔赛跑案例，那些跟青山同时代的、20世纪90年代最赚钱的门窗厂，21世纪初最赚钱的钢厂和最赚钱的房地产企业，最后都成了时代中一闪而过的流星。反而是在自己领域不断深耕的青山，熬倒了所有对手，成为中国钢铁行业的巨头，不锈钢和镍矿领域毋庸置疑的霸主。这中间的一切看似只是一个企业的兴衰，其实背后真正藏着的是中国经济增长的一个核心秘密。

中国的民营企业，过去三十年，想赚钱，每个阶段的必要条件是不一样的，看看每个阶段都是哪些人在暴富，我们就能大概了解。

20世纪八九十年代是极为罕见的产能不足时代,那时胆子大的人就能赚钱。按道理,人类社会赚钱的主要问题早就不是生产,而是销售,除了偶尔的战争年代外,大部分时期都是造产品容易,卖产品难。然而20世纪八九十年代的中国,整个社会产销错配,只要胆子大,造出来的东西大部分都不愁卖。

从2000年到2010年,赚钱的核心是专业化。普通人的消费标准慢慢提高,加入WTO之后还要参与国际竞争,那些年光靠着一腔孤勇已经不够。那个时候有一个特别热门的行业叫战略咨询,说白了就是把国外的管理经验引进到本土企业,二十年前做咨询是非常有面子的工作,2010年前后咨询公司普遍都能开到百万元年薪,企业交着昂贵的学费,不论是从管理还是到质量,都慢慢正规了起来。

从2010年开始到2019年前后,是属于资本的时代。中国第一代企业已经积累了第一桶金,资本市场也更加成熟,这个时期我们已经很少听到白手起家的故事。创业成功的,大部分都是靠着早年的积累,或者是成功的融资。资本可以快速催熟新鲜的创意,但是找资本借兵的时代很快就要过去,因为资本的变现逻辑已经不成立了。过去投资人投资创业公司,很少是靠公司本身慢慢赚钱回本,大多数的时候是靠企业的估值提升,卖股权套现。以前卖股权最重要的两个路子,一个是到美国上市,赚美国散户的钱,现在中概股泡沫破碎,政策又把这条路基本堵死。另一个是做大之后找巨头卖身,但是在眼下反垄断的风口上,各家巨头都主动停止了跨业务的投资布局,这种找个好人家把自己卖了的机会也越来越少。

最后一棒接盘的人没了,前期的投资人会发现,投资投到最后不知道卖给谁了。所以，这种纯粹靠资本估值赚钱的接力棒游戏，已经唱不下去了。

那么接下来什么样的企业能赚到大钱呢？我认为，青山控股就是一个标准的例子，它的两条路线，就是未来赚钱的代表。青山控股长期积累、慢慢打磨的技术优势，这种一条产线投入动辄10亿元，一个技术研发投入100亿元的技术优势，即将开花结果，下一个十年会是它收获的十年。

第二种赚钱方法就是出海，像青山控股这样提前布局，随着"一带一路"倡议和开发非洲的步伐，在东南亚和非洲买矿，在十年前就埋下十年后制胜的棋子，原本不太值钱的稀有金属矿，又正好赶上了新能源的大潮，确实也该它赚钱。

而这两条线，也正是中国下一个阶段国家崛起的必要条件，从仅仅靠着勇气和热血，到学习、积累和提升，再到熟练舞弄资本的武器，中国终于也来到了这个阶段，用技术去和发达国家竞争，用资本去向发展中国家布局，而在这个新的阶段，又会有哪些企业在这样的趋势下站上历史的舞台呢？期待和你们一起见证。

（2022.1）

小贩翻身，中国纺织到底有多强

由于国外服装行业集体联合抵制中国棉花，我去研究了一下国内有什么品牌可以代替。本来只是想查查哪里可以买衣服，结果却查到了一个神奇的故事。这篇也不是广告，只是向大家分享一家极其低调的服装巨头，以及看一看中国纺织业现在牛到了什么地步。

我跟这家公司从来没有接触过，以前也没有听说过，但是它现在市值千亿元人民币，规模超过 95% 的 A 股上市公司。这家公司叫希音，2008 年成立，老板是位 80 后。在全球经济低迷的这几年，突然暴风崛起，国内无人知晓，但在国外它已经默默横扫海外市场，成为服装行业的隐形王者，这到底是一家什么样的公司？它的出现又代表了什么呢？

希音是一个网站，也是一个服装品牌，做的是跨境电商。其实也就是把中国生产的女装卖到美国、加拿大、欧洲、中东、非洲和东南亚等国家和地区。

它的主要业务就是女装，突出特点是便宜，我很好奇地去它的海外网站看了一眼，每件衣服大多 6 美元、10 美元，便宜的还有3美元。现在即使在国内的夜市地摊也很难买到这么便宜的衣服,这个价格在海外市场真的足以横扫一切。

特别是2020年,海外服装店大批关门,希音趁势爆发,营业额翻了两倍,还因为消费者太多,网站一度被挤爆。2020年3月,希音在佛山仓库的1700多名员工,封闭工作,整个仓储超负荷运转。一周之内,新招3000多人。赶工到4月,生意还是太火爆,只好停止接单,慢慢消化。

即便如此,2020年,希音的销售额还是超过了600亿元,八年来每年销售额都能翻倍。这是一个什么离谱的成长速度呢?如果能保持这个增速,明年希音就能成长为全球最大的女装公司。所以,希音去年融资时就已经有1000亿元的估值了,投资机构有红杉、IDG这帮顶级的投资公司。

我觉得很好奇的理由是服装行业不是科技行业,不存在用逆天科技吊打竞争对手。这个行业完全就是靠整合资源加上市场营销,很少会有这样爆红的企业。希音到底是怎么打败欧美同行,干到今天这个地步的呢?这与中国纺织业多年忍辱负重的积累又有什么关系呢?

希音这家公司早期就是最土的那种跨境电商,在淘宝上批发婚纱,放到海外去卖,不过十年前这一行利润还很高,基本上货物一转手,价格后面就加个零。但是2012～2013年,做电商的人多了,竞争变得激烈,我估计希音老板也就是那时候开始第一次转型,专门做女装,然后通过网红带货。

现在网红带货稀松平常,但那时候可是创举。有时候机会就是你比别人快了那么两三年。现在找网红打广告很贵,虽然我从来没带过货,也极少接广告,但是价格我是清楚的。与现在相比,十年前的网红可太便宜了,希音都不需要出钱,只用免费产品就能换来曝光。再加上开箱视频、试穿解说等现在看起来很平常的套路，希音吃到了巨大的红利。现在希音的脸谱粉丝2 000万，粉丝增长速度还算可以。

然后，它就拿着流量回头整合供应链。那个时候恰好国内供应链已经完全成熟，只缺一面旗帜，于是希音就水到渠成地颠覆了全球的女装生产模式。

举个例子，一般的服装厂想上新款，从设计到出货，要6～9个月，ZARA、H&M等快时尚企业当年出来的时候，用震惊行业的效率，把上新周期缩短到了4周。而希音，只需要10天左右。

根据知情的朋友透露，他们卖货的逻辑其实和短视频的推荐算法一样，一个款式的衣服出来，先拿20件去卖，卖得好就给流量，再能卖光就上热门，推成爆款。这样的做法就是堆数量，大力出奇迹，企业根本不需要自己决定产量，市场自己会给出答案。现在它每天推2 000个新款，一个月的上新量比ZARA一年还多，根本不需要天才设计师，所以设计成本极低，类似款式价格只有ZARA的一半。

这样的缺点是设计款式，没什么灵魂，而且跟ZARA、H&M一样，经常被人告抄袭。但是10美元到20美元的东西，还希望有点灵魂，确实也稍微有点严格。

这样的速度，这样的价格，它能杀出来非常合理。但是，在我看来，不是希音做得有多好，而是中国整个服装行业的积累已经到了结果实的时候。即使没有希音，肯定也有另外的公司能做到这一步，中国只代工没有品牌的时代即将过去。

那么，中国纺织业现在有多厉害呢？

中国纺织业很特别，全世界超过50%的服装是中国生产的，化纤产量更是占全世界的70%，同时我们也是最大的消费国。一个国家既是最大的生产国，也是最大的消费国，正常来说，这在任何行业都应该能够做到垄断，但是实际上，国际名牌大多还是欧美的。同样的工厂、同样的材料，国外品牌就能卖出高级感。

归根结底，是以前营销和管理跟不上，毕竟欧美发财比较早，有深厚的传统根基，但是随着我国互联网的全面崛起，旧时代的营销方式正好要被淘汰，玩抖音，玩网红，没人玩得过中国。过去二十年国外4A广告公司完全垄断了中国广告行业，但是最近几年有一批本土的广告巨头正在快速崛起。他们既受过系统的学习和训练，也熟悉本土的思维模式，中国的市场养育了他们，反过来，这帮人也一定能辅佐出一批中国自己的优秀品牌。

我们是后来者居上，这个心态要摆正，在学习当富人的道路上，我们还有很长的路要走。营销、现代管理等现在也已做好了，但十年后第一代富豪要开始退休，到时候财富传承给我们的时候又会有弯路要走。不过不要紧，学花钱总比学赚钱容易多了，而且时间站在我们这边。

现在，浙江诸暨的一个小镇每年生产200亿双袜子，全球每三双袜子就有一双是这里生产的。河北保定的白沟，一年生产8亿个箱包。永嘉的拉链、新疆的长绒棉、晋江的鞋子，这些工厂，生产技术早就是世界一流，难道喂不出几家中国自己的国际品牌吗？我相信，类似希音这样的企业成功，绝不是运气，这是整个中国轻工行业厚积薄发之后的必然。

眼下欧美品牌主动联合抵制，我们自己也提出了消费内循环的大政方针，可以预见，几年之内，一定会有很多国货鱼跃化龙，破茧成蝶，让我们能够骄傲地把Logo挂在身上。

（2021.4）

跨境电商，为何艰难

过去十来年，中国平民暴富最多的行业，除了拆迁户外，就是跨境电商。这个行业还能赚钱吗？行业的未来在哪里呢？

跨境电商这个行业，在过去五年里创造了无数的财富神话，坊间传闻，深圳顶级豪宅深圳湾一号，均价每平方米20万元的大豪宅，一大半都被做跨境电商的老板买走了。你在广东街上看到的各种豪车，里面大概率就坐着一个跨境电商老板。

所谓跨境电商，名字高大上，其实就是把中国的商品通过购物网站卖到国外去。在网购领域，中国是全世界的祖师爷，网购在中国火得早，厮杀惨烈，早就过了平台补贴的阶段，能活到现在的店家，都打过无数硬仗。而国外的网购习惯还没有完全形成，前几年很多人把国内的锅碗瓢盆拍拍照片往上面一挂，就能在海外卖出10倍的价钱。中国服装出口巨头希音，老板当年就是向国外倒卖二手婚纱起家，当很多中国卖家把运营经验拿到国外的时候，外国人还根本没把这行玩明白，所以真有点降维打击的意思。

疫情期间，国外对网购的需求也在增大，一夜之间很多人都开始做跨境电商创业。在美国的亚马逊网站上，去年每天增加卖家超过3 500个，一年多时间整整增加了近200万个卖家，卖家总数已经突破了600万个。这些新增的卖家里，四个有三个是中国人，欧洲各站点的中国卖家数量占比几乎个个接近80%，美国站点的比例则稍低一些，大约也占60%。

一台电脑，一条网线就能去赚外国人的钱，这种故事听起来确实诱人。而且这个行业吸收的就业人口，往往不需要太高门槛，从业人员既不需要有大公司的工作经验，学历也没有硬性要求，只要肯吃苦，能钻研，把英语学好，就能开始起步。根据我收集的数据，整个行业解决了超过1 000万人的就业。这些卖家，去年一共卖了1.12万亿元的东西，而要知道，中国货物出口总值也就十几万亿元。这些小卖家撑起了中国外贸出口很大的一个比例。这个行业在深圳尤其火爆，都说深圳人满脑子想的都是赚钱，确实也是因为前几年，无数草根在深圳靠着跨境电商实现逆袭，而中国的跨境电商中，广东占到70%，这当中又有一半份额来自深圳。

在深圳华南城，有赛维、傲基、通拓、有棵树组成的"四大天王"，另一个跨境电商重镇龙岗坂田，又有五家公司组成的"坂田五虎"。

这些公司，在近十年间编织了无数基层暴富的梦想。但是，最近事情发生了很大变化，我认识的几个跨境电商老板没有再更新游艇派对的朋友圈了，偶然好奇地问一句最近怎么样，回答也都是行情很差，艰难维生，甚至有一个哥们儿直接消失，至今没有联系上。

明明国外疫情还在肆虐，对网购的需求仍然强烈，为什么中国的跨境电商却遭遇了重创呢？现在还适合开始跨境电商的创业项目吗？

只要你能上网，不需要任何库存，就能把中国的东西卖到国外去，然后暴富。这种事听着就让人兴奋，但是如果你想去试试，我劝你还是谨慎。想象一下，一个工作，既不需要学历，也不需要经验，甚至不需要低声下气伺候人，坐在家里就能赚大钱，有这种好事，你会不会到处跟人炫耀？反正如果是我，我肯定生怕别人知道，而那些在网上晒豪车、名表，跟你说几个月就能发大财的，八成不是真赚钱了，而是想让你以为他赚钱了。以前是做微商、做短视频培训的搞这一套，现在做跨境电商的也出现这种风气。

做生意的朋友都知道，真赚了钱，是不能晒的，你赚那么多钱，客户会怎么想？是不是你利润很高？供应商会怎么想？赚了钱怎么还不来把钱给我付了，还有亲戚借钱的，税务找你麻烦的，自己惹事，那是何苦。

就是因为自2020年5月初以来，跨境电商遭到重创，波及超5万个中国商家。深圳超级大卖家有棵树近340个站点被封、1.3亿元资金被冻结，成为亚马逊对国内卖家出手严打最重的案例。有棵树是上市公司，数据很透明。2019年卖货31.2亿元，赚了2.9亿元。2020年卖货47亿元，赚了4.1亿元。这次基本上是被打击到底，据说还有供应商上门要钱的情况出现。

有一个卖家2020年营收10多亿元，对2021年业绩较为乐观，备了很多货。结果如今被封号，600个货柜无法消化，销售款又被冻结，公司直接宣布破产。现在深圳跨境电商的裁员潮已经开始。

据了解，亚马逊的中国区高层因为此事想去美国总部为中国卖家沟通和解，却被拒绝，就是人家谈都不跟你谈。

很多卖家对外说的原因是出口海运成本变贵了，国外疫情好转不好卖了，人民币升值，外汇不好赚了，甚至还有人说是中美关系的问题。这是纯粹在给自己贴金，去年中美关系出问题的时候，反而是亚马逊中国卖家爆发式增长的时期，要封早封了，至于其他各种成本问题，也许会让你的利润变低，但是平台封杀你跟这些可没有关系。

我听到最离谱的阴谋论，是贝索斯离婚了心情不好，所以要封杀一批卖家。这些都是说给外行听的，遮遮脸面的理由，真正的原因自己心里没点底吗？虽然我一向支持中国产品，但是这一次，我不得不吐槽一下我们很多在这次封杀中关门的卖家，他们做的事，我劝大家不要学。他们被封的原因很简单，不是什么政治原因，也没有复杂的国际因素，就是因为刷单。

在国内开网店，刷好评是基本操作，而且手段是八仙过海，各显神通。不光是卖东西，出去吃饭、叫外卖，但凡是能打分的地方，都有人刷单。有时候不知道吃什么，打开点评网站看到一个高分餐厅，去了一吃发现根本不行。电商网站上，这种情况更多，国内电商平台虽然口头上也说严打，但基本是睁一只眼闭一只眼，只要不是太过分，也就不管了。而我们这帮干跨境电商的卖家，很多就把这一套做法也带到国外。各种引导和干预评分的手段，在国内看起来是平常不过的营销推广，但在外国平台，这属于作弊刷单。

我们消费者看着评分买东西，这些刷单的人却干预我们的筛选，多少是带了欺骗的性质。而且很多卖家甚至明目张胆，一点都不藏着这些操作。

亚马逊平台，没有花里胡哨的装修，没有精美的详情页，大家的页面都差不多，所以评论和评分就特别重要，刷单的人卖了货，不刷单的正直卖家就可能没饭吃，这就是劣币驱逐良币，形成恶性循环。

其实，中国具有全球独一无二的雄厚供应链和物流等基础设施，我们造最好的东西，又有最好的物流体系，支付也方便，正常去竞争，也可以赢得市场，而且中国卖家的服务质量比国外卖家周到得多，国外哪有下班之后还给你回信息的客服？而在中国，网购 24 小时响应都很正常。中国卖家正常就能赢，干吗要去搞歪门邪道？

很多做跨境电商的人诉苦，说小卖家出不了头，根本没人买东西，只好刷单。其实任何行业，没有长期的积累、大量的钻研和投入，都很难发财，以前让这些人踩上风口赚了一波，结果不想着提升货物质量，提高运营效率，反而把捞偏门当作诀窍，那被淘汰不是应该的吗？

商务部也关注了这次大规模封店的事情，说得也很直接，如果是被无辜波及的卖家，大家帮你去申诉，而如果是你自己不遵守规则被封了，自己认赔就是。那么未来，跨境电商还能做吗？

亚马逊这次风波，看似中国卖家受损，实际上，那些认真提升品质，认真做生意的卖家，反而因此获得了更多的机会，我相信，在未来，我们的外贸企业一定会继续在海外各个市场攻城略地，而且是以更光明和骄傲的姿态，堂堂正正地赢得胜利。

（2021.8）

一个盒子，改变中国

中国近几十年的发展，我们最应该感谢的技术是什么？是互联网吗？还是手机？这些都重要，但是有一个不起眼的小发明，对我国发展影响巨大。本篇跟大家聊一个中国近乎做到垄断的行业。

我们都知道中国经济腾飞的第一桶金是靠出口，当我们还一无所有的时候，就是靠着向外国卖衬衫、袜子，攒下了一点家底，然后才慢慢开始致富。

外贸行业在20世纪七八十年代突然爆发，全球化的浪潮开始席卷全球，那么在这之前为什么没有爆发呢？主要是因为运费太贵，贸易的利润根本覆盖不了高昂运费，所以各国都还是以自产自销为主，工厂都建在本地。

运费贵，主要还不是因为运输，而是因为装卸。以前的货轮，装卸全靠人工，两袋大米旁边放着一包棉花，棉花旁边还拴着一头牛，货物在码头上装卸。摆放的时间比航行的时间还长，以至于很多地方围绕着码头会形成大型城市，整个城市的经济就寄生在码头上面。那时候，码头的装卸成本占了总运费的七成。

而且装卸还特别危险，纽约港口每天平均死伤六个装卸工人，这还算比较安全的港口，所以国际货运根本不划算。

直到20世纪60年代，人类发明了一个神器——集装箱。

运输的问题一下就被解决了。不是因为集装箱装得多或者结实，而是因为它把整个运输的过程进行了标准化。集装箱有统一的尺寸，这就可以用统一的吊车，统一地摆放，货物到了港口，不用一件件装卸，连箱子一起直接吊到卡车上拖走。原本需要一个星期装卸的货物，用集装箱半天就搞定。纽约港在1964年养了140万个码头工人，集装箱发明十年之后，工人数量下降到12万人，剩下不到十分之一，但货运量却大幅增加。

这个大铁盒子，代表的不仅仅是一个包装，更是一整套标准化的运输体系，人类就依靠着这样的体系，开始了轰轰烈烈的全球化贸易，从20世纪60年代发明集装箱到今天，全球国际贸易额翻了65倍。我们的改革开放也正好赶上了这个时机，于是中国快速融入国际贸易体系。中国工厂的产品，靠着廉价的集装箱运输，远销全球。在你看这篇文章的时候，全世界有2 300万个集装箱，正在运输的旅途中。

可以说，没有集装箱，就不会有全球化的贸易体系，也就没有中国外贸腾飞的基础。而反过来，中国现在也基本完全控制了集装箱市场。

深圳有一家生产集装箱的企业，叫中集集团。1982年成立，到1996年，一年就造了20万个集装箱，成为全球最大的制造商。从那以后，中集集团一路领先至今，2021年光第一季度，中集就生产了58万个集装箱，占了全球总量的42%，是绝对的龙头大哥。

全球排名第二的东方国际和第三的新华昌，也是中国公司，这意味着全世界超过96%的干货集装箱和100%的冷藏集装箱均由中国制造。

众所周知，中国制造业很强，但是像这样在一个行业内拥有绝对主导的，并不多见。那我们是怎样一步步统治了集装箱行业的呢？看似简单的盒子，背后的链条，到底隐藏着什么样的实力？

集装箱生产，难度并不大，本质上就是一个铁盒子。我们能统治这个行业，表面上看，是因为我们的材料足够便宜。中国是全球最大的钢铁生产国，产量占全球55%。有一个段子，说全球钢铁产量中国第一，中国河北第二，欧盟第三。虽然没这么夸张，但是中国钢材价格之低，产能之强大，让我们在相关行业有着很大的成本优势。不过最近几年，为了保护环境，减少排放，我们一直在淘汰落后的钢铁产能，生产得非常克制。

我们集装箱行业的强大，其实并不是因为便宜，现在越南、马来西亚工资很低，在价格上我们已经没有太多优势。能够保持行业绝对主导，真正的原因是，集装箱唯一的源头需求国就是我们自己。

从疫情开始，全世界的生产都在减缓，很多工厂停工，但中国的出口逆势增长3.94%，我们靠着强大的产能给全世界供应紧缺的物资，几乎以一国之力，保住了人类生产秩序的稳定，这也意味着我们需要买大量的集装箱来装货。

海外的情况刚好相反，目前美国加州滞留了1万个集装箱，澳大利亚集装箱空置了5万个，新西兰也堆积了6 000个集装箱。还有英国、法国等多个港口，都被空箱子堆满。全世界各个港口空箱子的数量，是正常水平的3倍。国外有这么多的空箱子，是因为外国港口的卸货能力，已经跟不上我们出货的速度，于是港口开始拥堵，很多原本不需要进口的物资，现在也要从中国买。

同时，由于停产停工，国外现在也没有足够的货物卖给中国，所以中国的集装箱基本是有去无回，平均每运出去三箱货物，只能运回一箱货物。如果等着空箱子运回来，根本来不及，我们做外贸的厂家一般直接买新的，不耽误发货。国外的空箱子在港口堆着没人要，因为根本没有要往外运的货物，而国内的空箱子供不应求。在这样的情况下，国外哪家公司再想不开去生产集装箱，基本等于在沙漠里卖沙子。所以这个简单的铁盒子，看起来谁都能造，实际上，只有我们能造。这就是从需求端形成的强势垄断。

归根结底，中国在集装箱行业的地位，是因为我们外贸行业的全面崛起。

中国集装箱巨头中远海控，2021年第一季度营收增长80%，净利润154亿元，同比暴涨200倍，中国全面恢复生产之后，不但箱子卖得多，而且每一个集装箱价格还上涨了50%。所以中远海控股价一年时间从最低价3.14元一路猛涨到6月22日的27.99元，翻了近9倍。一年涨9倍，这不仅仅是对一个公司的看好，还是对中国外贸行业能够继续发展的预期。

一个小小的集装箱，已经是我们制造强国的最好注脚。在造箱子上，我们已经无敌了，而在运箱子领域，我们另一个行业也正在悄悄崛起，具体是什么呢？

顺着前文的思路思考，我们有最多的箱子，是否也需要最好的港口？

没错，目前吞吐量前十的港口，有七个在中国，世界吞吐量最大的港口在上海，排第三的在深圳，排第四的在宁波，排第六的在香港，这些是我们真正的对外窗口。正是因为有这些港口，浙江的工人工资，才可以不断向欧美工人工资看齐。广东的工厂才能和全球的同行公平竞争。

以中国航运业巨头中远海运为例，这家公司的码头遍布欧洲、南美、中东、东南亚及地中海各大港口群。截至2020年末，中远海运港口在全球58个港口营运，一年处理约1.18亿个集装箱。我几乎无法想象这么多的大箱子里面装了多少物资。德鲁里报告显示，中远海控旗下集装箱吞吐量已经连续多年世界第一。

吞吐完了，你还需要运吧？中远海运旗下经营船队综合运力1 362艘，运力排名世界第一。

相比国际航运长期霸主马士基的百年基业，中远海运算是比较年轻的公司，成立五十年，当年只有"光华"号、"新华"号、"和平"号、"友谊"号四艘货轮。到了2021年3月，中国远洋海运集团经营船队已经有一千多艘船，综合运力1亿多吨，排名世界第一。散货船队运力、邮轮船队运力和杂货特种船队，也都是世界第一。

不光是船多，中远海运港口也多，在全球控制了五十多个港口，集装箱码头年吞吐能力世界第一。之前希腊最大的港口比雷埃夫斯港，差点因为希腊工人罢工破产。但在中远接手后，靠着自身庞大的运输业务，救活了这个港口，成为全球发展最快的集装箱港口之一。

把船开到全世界，把货物卖到全世界。似乎所有的强国，在成长的过程中都有这样一个流程要走。欧洲的航海时代，美国的鼎盛时期，日本和亚洲四小龙崛起的过程里，每一个都曾经有过强盛的海运能力。现在，当一艘艘海船，一个个巨大的集装箱上，印满了中文的标志，我们已经默默地，在不知不觉间开始进入属于中国的海洋时代。

（2021.6）

中国猪肉到底有多强

在全球养猪公司排行榜里，养了10万头以上母猪的，有30家公司，其中中国和美国各有11家，看起来平分秋色。但是，前十名的公司里，第一名温氏集团和第二名牧原集团是中国公司，排第四、第五、第六位的正大集团、新希望集团、正邦集团，也都是中国公司。美国的史密斯菲尔德公司排第三，但是这家公司2013年被中国双汇集团的老板万隆收购了，这样一来，全球最大的6家养猪公司，全都是中国公司。万隆号称中国养猪教父，不管什么行业后面加个教父听起来都挺厉害的。

虽然中国养猪企业很强，但猪肉还是不太够吃。全世界现在每年消费的猪肉有1亿吨，其中近5 000万吨是中国人吃的，差不多全世界每两头猪，就有一头在中国人的餐桌上。肉吃得多，是很值得骄傲的事，代表着国家的繁荣和稳定。即便我们每年生产6亿头猪，还是要进口400万吨外国猪肉作为补充。

这张图上，大家可以看到各国猪肉消费量，世界人均消费在每年11公斤左右，日本人均16公斤，美国人均23公斤，而中国人均消费近25公斤，另外韩国的数据也非常高，人均消费猪肉30多公斤，所以韩国人吃不起猪肉的传闻应该是假的（见图6-1）。

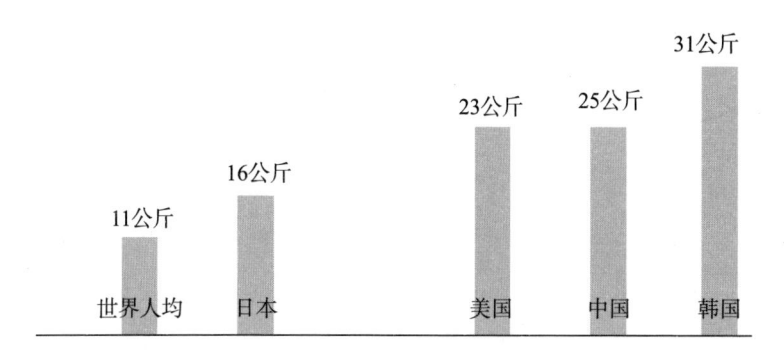

	世界人均	日本	美国	中国	韩国
	11公斤	16公斤	23公斤	25公斤	31公斤

图 6-1　世界各国猪肉消费量

前两年非洲猪瘟闹得很凶，小养殖场亏了不少，但是大型养殖场管理规范，猪都能顺利长大出栏，猪肉价格一涨，这些企业都赚了很多。在2021年的中国富豪榜上，河南首富牧原股份董事长秦英林和钱瑛夫妇排在全国第十，四川首富新希望集团的刘永好排名全国第十六，这几位的主业都是养猪。

猪瘟问题现在基本解决了，我们的猪肉产能基本恢复到了2017年的水平，猪肉价格已经跌回了二十几元，连盒饭里的肉都多了起来。不过我看网上有人说会跌到10元左右，这个比较困难，现在国外通胀严重，包括玉米、大豆在内的大宗商品价格都不低，饲料成本大约在1.5元一斤，就按3斤饲料转化成1斤肉来算，加上疫苗、水电、人工、药费，现在每斤猪肉出栏成本就在十二三元，再加上运输和销售的费用，二十几元的售价算是比较合理的。

肉价涨回来之后，我们的猪肉消费可能会再创新高。但是，中国人真正吃得起猪肉，也就是近二十年的事情。

猪肉对中国人有多重要呢？2018年，全国猪肉产量为5 400万吨，牛肉只有644万吨，羊肉475万吨，鸡鸭鹅1 994万吨。对比下来，牛羊肉产量只是猪肉的零头，禽肉也没到猪肉产量的一半。

因此我们计算物价的时候，猪肉直接跟蔬菜和粮食占了同样比例（CPI占比2.2%），单独分了一个大类。猪肉价格变化，关乎国家经济秩序的稳定。

举个不恰当的例子，2020年，养猪企业牧原股份，一共卖了1 800万头生猪，公司市值4 000亿元，差不多一头猪贡献了20 000元的市值。字节跳动每天有6亿用户，市值20 000亿元，一个活跃用户才3 000元，一头猪等于七个用户，猪虽然很珍贵，但我也要反思自己到底哪里不如它。

养猪行业这些年变化很快，20世纪60年代动画片里的猪八戒还是一头黑色的猪，到了1986年《西游记》上映的时候，猪八戒就变成了白色。实际上白色的约克夏品种在1973年才引进到中国，我们本土的家猪一直是黑色的。本土黑猪出栏需要一年，白猪只要半年，黑猪肥肉多，而消费者现在偏爱瘦肉，所以我们这一代人印象里基本都是白猪。

另外，很多人对养猪的印象还停留在农村的猪圈，2000年以前，养猪确实是以散养为主，产量低下。从2004年开始，中国全面推进养猪规模化，现在500头以上规模的养殖企业占了将近七成，农户家里养猪的不多了。生产模式从手工喂养变成了工业生产，猪肉也就迅速变成了便宜的日常消费品。

散养猪逐渐减少，另一个原因是环保问题。2014年，生态环境部的第一个农村环保法规《规模养殖污染防治条例》开始实施，截至2021年一共关闭或搬迁了21万个养殖场，清退了大概8 000

万头的产能。虽然短期内减少了产量,但是一个产业要想成长,就必须形成体系,形成规模,养殖行业近些年的变化,其实中国很多产业都走过,一开始家庭作坊,到后来乡镇企业,再到规模化、正规化的大型企业,产业升级对国家来说是大政方针,对普通人来说,就是吃到更多更便宜的肉,买到更好更漂亮的衣服。

以前大学生回村养猪还是新闻,现在养猪企业月薪能达到两万元,猪肉反而越来越多,越来越便宜,这就是产业化的结果。

现在 A 股上市的养殖公司、饲料公司、疫苗公司、品牌肉类公司加起来有 30 家。相信在不久的将来,中国人就可以真的实现猪肉自由。

那么,未来的养猪企业会是什么样的形态呢?

过去有人安慰自己,城里混不下去了就去农村养猪,但是,养猪现在是一个超过万亿元的市场,尤其是过去两年猪肉价格一路上涨,很多资本都在寻求进入养猪产业的机会。

网易老板十年前就开始跨界养猪,养的是每斤超过 100 元的高价黑猪。阿里、京东和百度这两年也都开始布局这个行业,只不过他们不直接经营养猪场,而是通过资金和技术支持,所以比较低调。

科技巨头华为,这两年也高调推出了"华为智慧养猪解决方案"。现在房地产不好做,于是房产巨头们也看到养猪的机会。万科 2020 年成立食品事业部,主要就是养猪和卖猪肉,万达、碧桂园、恒大已经开始进军养猪业。很多人不理解造房子、卖房子的为什么养猪?这些巨头,每一家都有几百万个业主,现在消费和购物开始渐渐社区化,而手握业主资源的房产物业在卖日用消耗品方面天然有优势。以后搞不好物业会变成团购和快递的集散中心。

现在养猪科技含量也很高。比如，温氏股份就把各种大数据、人工智能、物联网等技术应用到养猪场里。牧原股份这几年每年都招聘几千个大学生，宣称要转型为一个科技企业。

但是最让我惊讶的是另外一件事。

中国猪肉总的消费量和人均消费量自 2015 年到达顶峰后，已经开始停止增长，在有的年份甚至还会减少，中国市场的猪肉消费量可能不会再出现大的增长。

目前，猪肉消费量占我们日常肉类消费的比例已经从 80% 降到了 60%，未来还可能进一步下降。而与此相对应的，是牛、羊与禽肉的消费量在不断增长，替代作用明显。

以前猪肉便宜，牛羊鸡肉贵，这些虽然好吃，但也不会天天吃。猪肉涨价了两年，在某种程度上改变了很多家庭的饮食习惯，牛羊肉和鸡肉渐渐被更多人接受。

2019 年，我国牛肉消费量为 832.93 万吨，增速为历年最快。人均牛肉消费量也从 2016 年的 4.88 公斤上升到 2019 年的 5.95 公斤。不过比起美国人一年平均吃掉 26 公斤的牛肉，我们牛肉还是吃得太少。

2019 年，我国人均鸡肉消费量 12 公斤，同比增长 14%。但相比美国人均 46 公斤和欧盟 22 公斤，也还有差距。甚至和我们消费习惯相似的日本，人均也达到了 40 公斤。

能多吃点肉，多吃好吃的肉，这个朴素又深刻的愿望，始终刻在中国人的基因里。国家的发展，经济的建设，归根结底，就是为了让每个人都能吃好喝好，富足安定。所谓经济，经世济民，我想这才是一切努力的最终意义。

（2021.5）

7

海外篇

非洲发展的可能之路

既然说到非洲,那我们就好好聊聊,作为公司团建的大热门、遣散员工的首选地,非洲为什么一直这么穷。

先说结论,排除先天历史原因,如今非洲穷,是因为长久以来没有基建、没有教育、没有走社会主义工业化道路。大家别笑,近代以来,贫穷落后的地区要想翻身,只剩下社会主义工业化一条路可以走。理由很简单。

第一,非洲缺乏基础建设。

常在各地走的朋友,会发现一件事,经济全球化这么多年,生产力已经得到大幅度提升,但很多地方的贫富差距并没有缩小,反而越来越大。

比如,你去非洲最穷的国家旅游,也能看见豪华的别墅,但99%的人还住着草窝棚;你到印度孟买,也会看到堪比外滩的高楼大厦,但隔着一条街就是垃圾遍地的贫民窟。这些国家的精英和富人,发财之后马不停蹄立刻移民到发达国家去,留下的人,陷在贫穷的深渊中越来越穷。

但如果你去中国哪怕最边远的山村看一看,对比一下十年前,也会感受到惊人的变化,最起码,有了横穿山脉的公路铁路,有了高架桥梁,通了水、电、网,有了手机信号,有的人盖了新房子,大家手里有了智能手机,可能不是最新款,但是至少都有手机,而且以这一切为纽带,这些地区开始融入现代文明。

但非洲和印度的农村不是这样的,它们几乎和十年前没有区别,当年住草窝棚,如今还是住草窝棚;当年用水桶去十几里地之外提水,如今还是要去十几里地外提水。诸如公路、铁路、自来水、输电和 Wi-Fi 那是想都不敢想。

当一个国家的人饭都吃不饱,路都修不好,手机没信号时,他们就像没有启动资金的贫困户,每天为生计发愁,根本无力改变现状。这也是为什么早在几十年前,中国人就把基建的重要性融入歌曲中口口相传:你是电,你是光,你是唯一的神话。对比一看我只想给基建狂魔我的祖国磕三个响头。

第二,非洲缺乏教育基础。

我看到很多言论说非洲人穷是因为懒。说那边上午 10 点钟上班,下午 3 点钟就下班,当天结了工资,第二天就消失,没饭吃了才会回来干活。

我认为这是一种典型的不动脑子的种族主义言论。一百年前,西方殖民者入侵中国时,也是这样歧视我们那些留着辫子的祖先的。社会达尔文主义者,也是这么污名化穷人的,他们认为,穷人之所以穷,就是又懒又笨,就该被淘汰。那么,我想问,美国人不懒吗?法国人不懒吗?现在躺在床上刷手机的你不懒吗?为啥我们都有饭吃?

我认识的在非洲搞建设的华为、中兴、中石油、中建的员工,以及联合国维和部队的士兵告诉我——人都是一样的人,只是没有受过教育,民智未开,一旦和外国人相处久了,耳濡目染，读书明理之后，也一样可以变勤奋。

有一部关于中国援建肯尼亚蒙内铁路的纪录片，大家可以去看一下。我觉得看完之后，所有被种族主义蒙蔽了双眼的人们都有机会恢复"视力"重见光明。那些和中国工程师、工人一起工作的肯尼亚年轻人，最后在工程结束的时候，都成了这个国家铁路工程建设和工业化的中流砥柱，你看他们的神情，看他们整齐的制服和统一的肢体语言，会惊奇地发现，虽然肤色不同，但他们的气质已经很像我们那些吃苦耐劳、淳朴坚韧的中国工人了，有的人英语说得还比中国工人好。

这其实是教育才能带来的力量。

第三，非洲需要走社会主义工业化的道路。

近代崛起的几个国家和地区，如苏联、日本、韩国，无不是工业起家，这个坎不过不行。

2017年5月31日，蒙内铁路正式通车，肯尼亚总统激动地说："今天，我们为新的工业化的篇章打下了基础。"

在肯尼亚，有4万多人参与了这个项目的建设工作，其中当地员工占比超过90%。目前，有超过1 500名当地人参与蒙内铁路的运营。因为蒙内铁路，他们找到了好工作，过上了更好的生活。

蒙内铁路还将货物运输时间从原来的10个小时以上缩短至4个多小时，物流成本降低40%以上，拉动了肯尼亚国内生产总值1.5%甚至2%的增长，更关键的是，通过铁路形成了包括港口在内的全产业链发展。

这都是工业化的好处，蒙内铁路是个很好的援非标本。虽然中国人援建扶贫的这些方法太慢太辛苦，但只有工业化才能从根本上改变局面。

我们前面提到的基建、教育，正是工业化的必由之路。

办过企业、开过工厂的人都知道，要想在一个地方办厂，你总得有工业用地吧？总得有基层行政体系帮你审批吧？总得通电、通水、通网吧？总得有公路、铁路、港口可以运输材料和产品吧？总得有认识26个字母、阿拉伯数字、能写会算、接受过基本技能培训的工人吧？你没有这一切，怎么办厂？怎么办企业？所以说教育和基建是工业化的基础，没有基建和教育的工业化就是一盘散沙，风一吹，就散了。

自由派经济学家只会告诉你市场决定一切，却不会告诉你，市场是嫌贫爱富，它不会看上一无所有的国家和地区。西方殖民非洲数百年，输出了宗教信仰，输出了普世价值，掠夺了原料和劳动力，却没有输出他们的基建、教育和工业化，这就像学霸把作业借你抄，却不告诉你咋学好一样。以至于非洲大部分国家和地区，还是只能靠卖资源为生。掌握资源的富人挥金如土移民国外，留下本国穷人不务正业，陷入资源的诅咒。

近年来，明智的非洲人已经看出，中国的道路是落后地区富强的唯一道路，加纳领导人就曾在联大会议上驳斥了美国人的谬论：

> 我们必须让我们的人民接受教育和培训。我们必须解决基建赤字问题。要解决这个问题，传统方法是不行的。我们正在寻找解决问题的新方法。与非洲许多国家一样，加纳正在与中国加强关系。
>
> 我们，加纳，必须建设道路、桥梁、铁路、港口，学校、医院，我们必须创造就业机会，以保持年轻人的参与。对我们来说，很明显，我们已经持续了几十年

的发展轨迹是行不通的。我们正在尝试另一个（发展道路）。

在非洲，越来越多的人睁开双眼，重新审视这个世界，真理正在通过实践证明，哪种方法才能带领非洲脱贫致富。

我国曾经也有很多人不理解我们的基建投入，经常有人发牢骚，说国家为什么要投入那么多，在边远地区修铁路、修大桥、穿隧道，甚至在群山之间架桥梁，在高原冻土上建铁路？有些没有脑子的人甚至说：那些地方穷，就让它穷下去得了，干吗要这么折腾啊？

如果中国也对落后地区不闻不问，对穷人放任不管，把贫困地区当作垃圾场，那我们和印度有什么区别？我们还哪来的工业化？哪来的世界第一工业国？哪来的像华为这么优秀的公司？没有全国范围内畅通无阻的交通，没有覆盖全国的通信网络，没有广大受过基础教育的劳动力，哪来的繁荣的市场经济？我们要消灭贫穷，而不是消灭穷人！

只有基建搞好了，教育普及了，信息传播了，商品流通了，工业在当地扎根了，现代文明才会真正进入当地，形成一个良性的循环，这才是真正的扶贫。终有一天，这些脱贫的地区和国家，同样会正向反哺整个现代文明。世界大同，才是人类最崇高的奋斗目标啊。

那时候，去非洲团建，也许就不是一句戏言了。

（2020.7）